O PROFETA PERDIDO

O *Livro de Enoque* e sua influência sobre o cristianismo

Título original: *The Lost Prophet – The Book of Enoch and its influence on Christianity*

Editor: Edson Manoel de Oliveira Filho
Produção editorial: Editora Filocalia
Preparação de texto: Frank de Oliveira
Revisão: Alessandra Miranda de Sá
Capa, projeto gráfico e diagramação: Nine Design Gráfico | Mauricio Nisi

Dados Internacionais de Catalogação na Publicação (CIP) de acordo com ISBD

B255p Barker, Margaret

O Profeta Perdido: o Livro de Enoque e sua influência sobre o Cristianismo / Margaret Barker ; traduzido por Maurício G. Righi. - São Paulo : Filocalia, 2021.
192 p. ; 14cm x 21cm.

Tradução de: The Lost Prophet - The Book of Enoch and its influence on Christianity
Inclui índice.
ISBN: 978-65-88143-16-2

1. Vida Espiritual. 2. Espiritualidade. I. Righi, Maurício G. II. Título.

2021-2113 CDD 133.93
CDU 133.7

Elaborado por Vagner Rodolfo da Silva - CRB-8/9410
Índice para catálogo sistemático:
1. Espiritualidade 133.93
2. Espiritualidade 133.7

Editora Filocalia Ltda.
Rua França Pinto, 509 – São Paulo SP – 04016-032
Telefone: (5511) 5572 5363
atendimento@filocalia.com.br – www.editorafilocalia.com.br

Este livro foi impresso pela Gráfica HRosa em agosto de 2021. Os tipos são da família Baskerville e Geist. O papel do miolo é o Pólen Soft 80 g., e o da capa, cartão Supremo 250 g.

Margaret Barker

O PROFETA PERDIDO
O *Livro de Enoque* e sua influência sobre o cristianismo

Tradução
Maurício G. Righi

FI
LO
CA
LIA

SUMÁRIO

O PROFETA

De sede espiritual
No ermo sombrio eu me arrastava,
E um serafim ou ser igual,
Na encruzilhada me esperava.
Minhas pupilas tocou com
Dedos leves qual sonho bom:
Para prever fê-las bastantes
E às da águia arisca semelhantes.
As mãos nestas onças pôr
Quis e ei-las plenas de rumor.
Ouço dos céus o movimento,
De anjos do empíreo o adejar,
Do que há sob a água o rastejar
E da videira o crescimento.
Para meus lábios se inclinou
E a língua insana me arrancou
Que era astuciosa e maldizente,
E da sábia serbe o aguilhão,
Com uma ensanguentada mão
Pôs-me entre glacias dente e dente.
Meu peito com gládio fendeu,
Sacou-me o coração convulsivo,
E um carvão em brasa meteu
No lugar do órgão avulso.
Qual morto nesse eterno jazer,
Ouvi a voz de adeus dizer:
"Levanta, avante, acorre e atende,

Dá ao que quero execução,
E indo por mar e terra acende
Com fogo cada coração.

A. S. Púchkin, 1826

LIVROS NÃO BÍBLICOS

Este é um título curto, embora impreciso, para descrever os textos menos conhecidos mencionados neste livro. Vários dos textos mencionados abaixo são ou foram bíblicos. Alguns são hoje classificados como apócrifos ou deuterocanônicos. Outros são pseudepígrafos, encontrados nas coleções abaixo indicadas.

R. H. Charles, *The Book of Enoch* (Oxford, 1912; SPCK [1917], repr. 1987), também incorporado em seu *Apocrypha and Pseudepigrapha of the Old Testament*, vol. ii; *Pseudepigrapha* (Oxford, 1913).

M. A. Knibb, *The Ethiopic Book of Enoch* (Oxford, 1978), também incorporado em H. D. F. Sparks (org.), *The Apocryphal Old Testament* (Oxford, 1984). O último é uma revisão do *Pseudepigrapha* de R. H. Charles.

E. Isaac, em J. H. Charlesworth (org.), *The Old Testament Pseudepigrapha*, vol. i: *Apocalyptic Literature and Testaments* (New York e London, 1983).

Odes de Salomão (não confundir com os Salmos de Salomão). Trata-se de um hinário do início da era cristã, composto provavelmente no fim do século I A.D. O texto apresenta muitas características judaicas (como também o cristianismo!), e ainda não se tem certeza de se foi originalmente judaico ou cristão. A versão mais completa sobreviveu em siríaco, mas há também versões em copta e uma em grego.

A Ascensão de Isaías. É outro texto cuja origem é desconhecida, mas que provavelmente tinha um núcleo judaico que foi expandido por autores cristãos. O texto trata do martírio de Isaías na época do perverso rei Manassés (2 Reis 21,1-18) e sua ascensão visionária pelos sete céus até o trono de Deus. O livro oferece um cenário valioso sobre a crença cristã no fim do século I, sobrevivendo de forma completa em etíope, mas em fragmentos em grego, latim, copta e eslavo antigo.

Jubileus. É uma reelaboração do Gênesis, e seu nome advém da forma como o autor divide o tempo, em jubileus, períodos de 49 anos. Ele escreve a fim de mostrar que a Lei de Moisés era observada já mesmo antes da época de Moisés, e que os patriarcas já mantinham as expansões posteriores e não bíblicas da Lei Judaica. Vários manuscritos, em forma fragmentária, também foram encontrados em Qumran, sugerindo-nos uma data de composição no início do século II a.C.

Testamento dos Doze Patriarcas. São os discursos de "leito de morte" de cada um dos doze filhos de Jacó, os patriarcas das tribos de Israel. Estes alertam seus descendentes sobre males futuros, exortando-os a uma vida reta. Os textos compreendem provavelmente um trabalho judaico que foi adaptado por um autor cristão. Fragmentos de textos semelhantes foram encontrados em aramaico em Qumran, mas o Testamento dos Dozes Patriarcas sobreviveu integralmente apenas em grego, com versões em armênio e eslavo antigo.

Gênesis Apócrifo. Trata-se de outra reelaboração do Gênesis, cujos fragmentos foram descobertos em Qumran. No caso, o autor desse texto inclui muito mais criaturas angélicas em sua história do que o faz o autor do Gênesis bíblico.

2 Esdras. É um livro com muitos nomes. Também chamado de 4 Esdras ou 4 Ezra e, na Bíblia Eslava, 3 Esdras. Pode ser encontrado na Apócrifa. O livro descreve sete visões de Esdras datadas de trinta anos após a queda de Jerusalém em 586 a.C., mas, de fato, relacionadas ao período após a queda de Jerusalém pelos romanos, em 70 A.D. O livro explora a questão do mal e mostra as questões levantadas após o grande desastre. Foi provavelmente escrito em hebraico, mas sobreviveu apenas em outras línguas: latim, siríaco, etíope, árabe, armênio, copta saídico e georgiano. Tornou-se um livro muito popular.

Oração de Manassés. A maior parte das versões gregas do Antigo Testamento tem um apêndice ao Livro dos Salmos que compreende uma coleção de hinos retirados, em sua maior parte, dos escritos do Antigo Testamento, como O Cântico de Moisés, retirado de Êxodo 15. Um deles é a Oração de Manassés, o arrependimento do rei cruel, o qual se supõe, entre outras possibilidades, que tenha mandado assassinar Isaías. O texto sobreviveu em grego e siríaco, e pode ser encontrado na Apócrifa.

2 Enoque. "Os Segredos de Enoque" foi escrito originariamente em grego, possivelmente em Alexandria. Sua data não é conhecida, mas pode ter sido elaborado bem no início da era cristã, talvez, no fim do século I, tendo em vista que foi usado em outros escritos cristãos. O texto descreve a ascensão do vidente ao grande trono. Por vezes, o texto é chamado de "Enoque Eslavônico", por ter sobrevivido somente em eslavo antigo.

Epístola de Barnabé. É uma carta cristã, à maneira das epístolas paulinas, datada do início do século I A.D.

O Pastor de Hermas. Trata-se de uma série de revelações feitas a Hermas pela Igreja, que aparece como uma mulher, pelo anjo pastor e pelo grande anjo. Foi escrito no início do século I. Durante um tempo, esteve incluído no Novo Testamento.

Evangelho de Tomé. Trata-se de uma coleção de ditos atribuídos a Jesus. Uma tradução em copta estava entre os livros gnósticos descobertos em 1945 em Nag Hammadi, no Alto Egito. Vários fragmentos também são conhecidos em grego. Boa parte desse texto parece ser material cristão bem antigo, assemelhando-se à coleção de ditos (Q) usada como fonte por Mateus e Lucas. Considera-se que tenha vindo de uma comunidade da segunda geração na Palestina ou Síria; portanto, um material tão antigo quanto os Evangelhos do Novo Testamento.

INTRODUÇÃO

O "Profeta Perdido" é Enoque; perdido porque, durante quinze séculos, as igrejas do Ocidente ficaram sem esse antigo livro oracular, ainda que os primeiros cristãos o conhecessem e o usassem. O livro foi redescoberto faz dois séculos, e uma tradução para o inglês foi disponibilizada faz um século; não obstante, trata-se de material ainda praticamente desconhecido fora dos círculos dos especialistas. É uma pena, uma vez que o *Livro de Enoque* é reconhecido – há tempos – como o escrito judaico mais importante do período neotestamentário, derramando luzes copiosas sobre a Igreja primitiva, assim revelando-nos suas crenças e ensinamentos. No meu caso, esse livro se tornou grande fonte de inspiração em minhas pregações.

Quando fragmentos do *Livro de Enoque* foram encontrados junto ao material que compõe os Pergaminhos do Mar Morto, percebeu-se que se tratava de um texto muito antigo. Embora conhecido e usado pelos primeiros cristãos, não fora por eles escrito, mas integrava, não obstante, parte significativa de sua herança judaica. Exatamente quando e onde o livro (ou melhor, "os livros", uma vez que o *Livro de Enoque* é uma coleção de textos) teve origem ainda se debate, mas existe a possibilidade bem real de que se trate de material tão arcaico quanto alguns textos do Antigo Testamento. Tudo isso é muito fascinante para aqueles que têm um interesse especial em relação ao mundo antigo. Mas a importância maior de Enoque não está no fato de ser um texto judaico "perdido" que foi preservado, exclusivamente, por mãos cristãs. Sua importância capital se funda, sobretudo, em suas questões internas e na visão de mundo ali apresentada, ou seja, em seu conteúdo.

Certos eventos e desenvolvimentos do século XX levantaram novos questionamentos para os cristãos que cultivam o pensamento, aos quais a Bíblia, como é atualmente lida, parece oferecer orientações modestas. Testemunhamos um aumento extraordinário no conhecimento científico, alterando, para o bem e para o mal, nossos modos de vida. Testemunhamos assim um avanço incontido do espírito científico, da arte da investigação, com uma ou duas vozes antiquadas e invariavelmente solitárias preconizando questões morais fora de moda. Desenvolvemos também uma nova consciência no tocante ao nosso meio ambiente, num aprendizado em que tomamos consciência de que estivemos envenenando e destruindo a criação por meio da exploração desmedida de seus recursos. Temos a Bomba e o potencial de destruir tudo. Presenciamos, em nossas guerras recentes, o mal e a produção de artefatos até então inimagináveis. Testemunhamos, igualmente, o crescimento da mídia e da cultura de massa, com seu poder de moldar a opinião pública, favorecendo os que são mais bem apresentados, maquiados e propagandeados.

Crescendo lado a lado com esses resíduos espalhafatosos, há coisas novas e frescas: um discernimento crescente de nosso relacionamento vital com a terra, que nos sustenta como uma mãe, em vez de nos obedecer como uma escrava, juntamente com o anseio de uma nova sondagem em direção aos mistérios por ora silenciados e indescritíveis da vida. Por vezes, este último tem gerado ondas de interesse pelas religiões orientais; por outras, pelas igrejas carismáticas. Ambos indicam a mesma necessidade do irracional e do além, num mundo crescentemente insatisfatório, saturado de informações tecnicamente embaladas. O formato circular de nossa liturgia reformada também se tornou uma bênção ambígua; agora, olhamos horizontalmente uns para os outros, quando o que precisamos é olhar para cima e para além. O desenvolvimento mais significativo tem se dado com a mudança no papel e no *status* da mulher. A força máxima dessa onda ainda se está por conhecer e, quando acontecer, seu efeito sobre as nossas igrejas, não apenas em suas estruturas, mas, igualmente, em sua apresentação e teologia, será devastador. Durante pelo menos quinze séculos, as mulheres foram vítimas da história de Adão e Eva, e foram culpadas por serem vítimas. Tudo isso vai mudar.

De que modo um antigo texto oracular pode ser relevante frente a essas questões? Ele não será relevante, deve ser dito, no sentido de uma predição antiga sobre o século XX, miraculosamente recuperada na metade desse século, na qual encontraríamos respostas prontas para as questões do dia. No entanto, esse texto torna-se de fato muito importante na medida em que nos oferece *insights*, perspectivas, modelos e mitos (são muitos os termos da moda) deveras relevantes, os quais, talvez, não pudessem ser assim percebidos numa situação em que não fossem levantadas certas questões. Creio que não tenha sido mero acidente a redescoberta, em pleno século XX, do *Enoque* pré-cristão, num momento de revivescência conjunta de interesse por esses textos.

Enoque é um livro estranho e de leitura particularmente difícil. Mas, assim que começa a ser focalizado, podemos perceber observações astutas acerca dos muitos perigos potenciais advindos do conhecimento científico, quando libertos de contenções morais, e falamos das consequências ligadas à destruição das harmonias da natureza, incluindo também o poder desmedido dos responsáveis por moldar a opinião e as expectativas viscerais das pessoas. *Enoque* baseia-se numa teoria sobre a origem do mal, mas que não envolve Adão, Eva e o pecado original: o fardo imenso de culpa humana, do qual as igrejas têm se alimentado por tanto tempo. Enoque, por sua vez, descreve a corrupção de forças sobre-humanas, as quais oprimiram e rebaixaram a criação, colocando-a sob o cativeiro da decadência. A humanidade – homens e mulheres em seu estado natural – é vítima a ser resgatada desse mal.

A grande importância de *Enoque* é que não se trata somente de um livro pré-cristão; mas também de um livro pós-cristão, um texto de arcabouço judaico que foi mantido e usado pelas primeiras igrejas. Suas ideias acerca da natureza do mal, do perigo associado tanto às técnicas quanto ao conhecimento científico corrompidos, a ênfase nos laços de harmonia natural presentes na criação, fizeram parte, indiscutivelmente, da visão de mundo dos primeiros cristãos, parte esta pressuposta. Quando usamos Enoque como "contexto" para o Novo Testamento, muitas das ideias cristãs mais originais recebem renovada iluminação, e muitas lacunas do Novo Testamento se tornam, finalmente, preenchíveis.

Procurei fazer desse livro antigo uma leitura também disponível ao não especialista. O mundo acadêmico da erudição é inacessível para a maior parte das pessoas; as línguas antigas formam uma barreira insuperável. A erudição acadêmica é, em geral, malvista, pois tida como algo destrutivo ou irrelevante, portanto colocada sob suspeita. As preocupações dos *scholars* são percebidas como questões muito afastadas daqueles que realmente leem e usam a Bíblia. Nos capítulos que seguem, espero ter sido capaz de oferecer um vislumbre de como trabalham esses eruditos acadêmicos e como os resultados de seu trabalho, mesmo nessa área tão especializada, podem ser relacionados com a vida e o pensamento diários de cristãos. A tarefa de preencher lacunas entre a erudição acadêmica e os ensinamentos cristãos tem me ocupado ao longo de muitos anos. Se o presente abismo entre esses dois campos persistir, os resultados podem ser desastrosos, e assim teremos igrejas totalmente divorciadas do conhecimento especializado sobre a tradição cristã e, por outro lado, *scholars* sem nenhum interesse pela tradição cujos textos estudam.

Ficará claro, ao longo destas páginas, que a erudição acadêmica é internacional, desconhecendo barreiras denominacionais. São muitas as habilidades solicitadas, e bastante exigente a tarefa a ser executada, para que o todo não seja compartilhado num bem comum. A história da recuperação de Enoque bem ilustra quão adiante a rede terá de ser lançada para que nossa herança seja, de fato, resgatada e preservada.

Capítulo I

O PROFETA PERDIDO

A *Epístola de Judas* (vv. 14-15) faz menção a Enoque, o profeta:

> A respeito deles profetizou Enoque, o sétimo dos patriarcas a contar de Adão, quando disse: "Eis que o Senhor veio com suas santas milícias exercer o julgamento sobre todos os homens e arguir todos os ímpios de todas as obras de impiedade que praticaram e de todas as palavras duras que proferiram contra ele os pecadores ímpios".

Mas no Antigo Testamento não há livro do profeta Enoque. Até recentemente, tudo que sabíamos a respeito de Enoque se encontrava em Gênesis 5,18-24. Ele era filho de Jared e pai de Matusalém; andou com Deus, depois desapareceu, pois Deus o arrebatou (no caso, "Deus" seria mais bem traduzido por "anjos", uma vez que, em hebraico, o termo é o mesmo). Isso é tudo que o Antigo Testamento nos diz a seu respeito, ainda que livros e visões em seu nome tenham se tornado amplamente conhecidos e tenham sido muito influentes. Fica claro que havia bem mais o que falar sobre essa figura do que está em Gênesis, e um culto considerável dedicado a Enoque certamente existiu, ainda que os autores bíblicos o tenham ignorado. Havia uma crença de que ele não morrera; de forma semelhante a Elias, Enoque fora arrebatado ao céu. Ele seria revelado, nos últimos dias, como mensageiro do julgamento. No Antigo Testamento, Elias era o profeta do julgamento (Malaquias 4,5-6), mas, em tradições posteriores, Elias e Enoque passaram a compartilhar essa função. Esse papel de Enoque assemelha-se à antiga crença cristã a respeito de Jesus: este seria mantido no céu, até que o tempo designado à sua vinda como Messias se cumprisse (Atos dos Apóstolos 3,19-21).

A figura de Enoque atraiu uma grande quantidade de material lendário ao longo dos anos, e a natureza desse material é especialmente interessante. Em escritos judaicos medievais, ele se torna quase uma figura messiânica, ainda que, nos primeiros séculos da era cristã, tenha sido condenado por autores judaicos, talvez por causa de sua inegável importância para os cristãos emergentes da época. O Enoque judaico medieval residia num palácio secreto, mas era convocado por um anjo para ensinar aos homens os caminhos de Deus. Todos os que escutavam seus ensinamentos reconheciam-no como rei, pois, em recompensa, Deus o tornara rei dos anjos. Estes não aceitaram prontamente, sem resistência, o fato de terem um senhor outrora humano, mas Enoque foi, não obstante, instituído com indumentária magnífica e com uma coroa. Essa exaltação ecoa, em acentuada semelhança, a descrição cristã da exaltação de Cristo, e o segredo do Enoque oculto é muito semelhante à ideia que os primeiros cristãos tinham do assunto (p. ex., Marcos 1,44; 3,12), pela qual o Messias tivera de ser mantido em segredo.

Na tradição judaica mais antiga, Enoque fora menos espetacular, mas ainda assim importante. Ele foi um sábio, ao qual os anjos revelaram os segredos do julgamento e os segredos da ordem natural. Estivera especialmente associado com a astronomia e o calendário. Fora também um sacerdote empenhado em interceder pelos anjos caídos, depois tornado escriba celeste, presidindo os livros durante o julgamento final. Por último, mas não menos importante, recebeu o título de Filho do Homem, outra significativa associação com a tradição cristã.

A tradição cristã primitiva também conhecia Enoque como o grande escriba. Um trabalho copta do século IV, *Apocalipse de Paulo*, descreve como este também foi erguido ao céu, conforme disposto em 2 Coríntios 12,2-4. Um anjo celeste o apresenta a Enoque, o escriba da justiça. Com muita frequência, Enoque é retratado como um dos dois profetas que se opõem ao anticristo, durante os últimos dias. Apocalipse 11,3-12 descreve essas duas testemunhas, os dois profetas que se opõem ao anticristo. São mortos, ressuscitados e então levados ao céu em uma nuvem. Esses profetas foram identificados como Enoque e Elias. Escritos cristãos em muitas línguas – latim, grego, árabe, copta, etíope – revelam quanto esse aspecto da lenda enóquica era conhecido. Enoque e Elias também aparecem juntos em escritos místicos: uma vidente francesa do século XII descrevia-os como dois homens com longas barbas; outra vidente, esta da Etiópia do século XV, também "se encontrou" com Enoque e Elias. Ocasionalmente, Enoque aparece na arte cristã. Uma ilustração num manuscrito grego do século XII, hoje no Mosteiro de Santa Catarina, no Sinai, mostra a figura da morte afastando-se de Enoque. Ele também se faz presente num vitral da Catedral da Cantuária.

Temos vários escritos associados a Enoque. Os nomes pelos quais são hoje conhecidos lhes foram dados por *scholars* modernos, a fim de distingui-los entre si; portanto, desconhecemos seus nomes originais. Os "Segredos de Enoque", conhecido como *2 Enoque*, é uma obra que sobreviveu somente na antiga Igreja Eslavônica, a língua da Igreja Russa. Pode ser que seja tão antigo quanto o Novo Testamento; ninguém sabe ao certo. O "Enoque Hebraico", conhecido como *3 Enoque*, é um texto judaico místico cuja origem pode ser talvez estabelecida no século V A.D. Novamente, ninguém tem certeza sobre a datação. O *Livro de Enoque* com o qual nos preocuparemos nesta obra chama-se *1 Enoque*, também conhecido como *Enoque Etíope*, uma vez que o texto, em sua íntegra, sobreviveu somente nesse idioma (digo "em sua íntegra", mas realmente não sabemos a extensão exata dos antigos escritos enóquicos. Talvez, o mais correto fosse dizer "o mais extenso"). Essa literatura conhecida em etíope foi originalmente escrita em aramaico ou mesmo, possivelmente, em hebraico, e então traduzida em algum momento para o grego. Hoje, de posse dos fragmentos enóquicos de Qumran, sabemos que essa literatura foi escrita antes do século III a.C.; mas pode ser o caso de ser bem mais antiga. Foi usada pelos primeiros cristãos, sendo posteriormente condenada na cristandade ocidental, e depois perdida.

Durante muito tempo, tudo que se conhecia de *1 Enoque* advinha de citações dos primeiros autores cristãos. A "Epístola de Barnabé", escrita por volta do ano 140 A.D., cita Enoque por duas vezes, mas sem mencionar a fonte. No Egito, havia um grande professor cristão no fim do século II, Clemente de Alexandria, líder da escola cristã dessa cidade. Ele conhecia o relato, presente em *1 Enoque*, da queda dos anjos, seus conhecimentos celestiais (superiores) e suas mulheres terrenas. Orígenes, que teria sido pupilo de Clemente, segundo o historiador da Igreja Eusébio, também conhecia a tradição de Enoque. Ele sabia que *1 Enoque* discorria sobre a existência de seres celestiais encarnados, anteriores à vinda do Cristo, dizendo-nos também que Enoque não era considerado uma produção "divina" pelas igrejas. Irineu também conheceu *1 Enoque*. Ele viera de Esmirna (moderna Izmir, na Turquia), tornando-se bispo de Lyon, no sul da França. Todos esses homens escreviam em grego. Tertuliano escreveu em latim; ele nasceu em Cartago, norte da África, e considerava *1 Enoque* parte integrante das Escrituras, citando seu conteúdo por diversas vezes em seus escritos. Desses exemplos (há outros), depreende-se que *1 Enoque* era conhecido e usado em todo o mundo cristão até o século II A.D. Mas depois caiu em desgraça. Muitos autores posteriores condenaram a obra. Agostinho, bispo de Hipona (norte da África) no início do século V, dizia que o *Livro de Enoque* continha tantas falsificações que não poderia receber autoridade canônica, embora admitisse que parte da obra tivesse sido inspirada, caso contrário o apóstolo Judas não a teria citado dessa forma. Em todo caso, Agostinho achava que os hebreus tinham agido com sabedoria ao deixar Enoque de fora de suas Escrituras. Enoque, ele dizia, era excessivamente velho, mas de forma suspeita, pois esse seria um autor que teria supostamente vivido apenas sete gerações depois de Adão! (*Cidade de Deus* 15,23). A "Constituição Apostólica" também condenou Enoque e livros semelhantes. Foram atribuídos a Clemente, bispo de Roma no fim do século I, provavelmente tidos como escritos provenientes da Síria no fim do século IV. Assim sendo, livros como *1 Enoque* foram considerados perigosos e contrários à verdade. Seus ensinamentos deviam ser então banidos (Constituição Apostólica 6,16). Seria o caso de pensar os motivos pelos quais Enoque despertou tamanha hostilidade, mas após uma condenação desse tipo o esperado era que o livro desaparecesse de circulação no âmbito da Igreja ocidental.

Há também obras judaico-cristãs que mencionam Enoque (por judaico-cristãs, quero dizer obras judaicas apropriadas e adaptadas por cristãos). O *Testamento dos Doze Patriarcas* é uma dessas obras. Não sabemos quando foi escrita, mas se trata de uma coletânea de discursos de leito de morte atribuídos a cada um dos filhos de Jacó. Testamentos desse tipo compreendiam, à época, um gênero literário popular; e temos um exemplo disso no Quarto Evangelho, no momento em que Jesus fala longamente aos discípulos após a Santa Ceia, em seu discurso de despedida. O *Testamento de Dan* faz um alerta contra a apostasia e o perigo de ficar sob a influência de Satã. Seu autor lera prognósticos desse tema no *Livro de Enoque*, o Justo. Hoje, de posse da versão etíope de *1 Enoque*, podemos identificar muitas dessas citações em escritos cristãos e judaico-cristãos do início do cristianismo. Podemos encontrar também o que podem ser alusões a materiais enóquicos em outros lugares, embora se trate de um processo menos preciso que o de identificar uma citação.

Além disso, há textos antigos que citam "Enoque", mas que não correspondem a nenhum texto enóquico que conhecemos. O *Testamento de Simeão* diz que Enoque previra a guerra entre os filhos de Simeão e os filhos de Levi. O *Testamento de Levi* conhecia uma passagem em que Enoque previa a futura corrupção do sacerdócio levita. O *Testamento de Judá* conhecia uma profecia de que Judá tornar-se-ia maligna. Os *Testamentos de Benjamim* e de *Naftali* previam, com base em Enoque, que seus descendentes cairiam em maus caminhos. Não podemos encaixar nenhum deles nos textos enóquicos conhecidos, restando-nos supor que deve ter existido uma literatura enóquica bem mais ampla que aquela que nos chegou.

Nossa principal fonte de informação tem sido a versão etíope de Enoque, descoberta por James Bruce, um explorador escocês. Ele iniciou suas viagens em junho de 1768, desembarcando na Etiópia em setembro de 1769, após muitas aventuras. Ele descreve em seu diário como encontrou a antiga civilização cristã da Etiópia: uma terra cheia de igrejas. Todo homem honrado, ele diz, sentia-se obrigado a construir uma. As igrejas ficavam no alto de colinas, cercadas de cedros, construídas como prédios circulares com telhados colmados. Seu interior se fazia repleto de imagens, embora fossem proibidas as esculturas, pois eram consideradas uma violação do segundo mandamento. No Antigo Testamento dos etíopes, Bruce descobriu que se integrava o livro profético que havia muito fora perdido: o *Livro de Enoque*.

Como esse escrito foi parar na Etiópia? De fato, como foi que o cristianismo chegou à Etiópia? Ninguém sabe direito; só nos restam conjecturas. Certamente, a Etiópia tinha antigas ligações com o judaísmo. A casa real da Etiópia alega descender do rei Salomão. A rainha de Sabá foi até Salomão e com este teve um filho, o qual veio a ser o rei etíope Menelique. Sacerdotes judeus ministravam em sua capital, Axum. O relato, em Atos dos Apóstolos 8,26-39, não é a preciosa dica que parece ser, pois o eunuco não era um etíope, mas um funcionário público do reino de Meroé, ao norte da Etiópia. As duas regiões eram frequentemente confundidas. O relato em Atos dos Apóstolos é preciso no sentido de dar o nome da rainha, "Candace", mas esse era o título das rainhas de Meroé. Não havia uma governante mulher na Etiópia. Portanto, temos de nos apoiar na tradição, a fim de saber como foi que os etíopes tornaram-se cristãos.

Algumas tradições dizem que Mateus pregou na região; outras afirmam que foi Bartolomeu. A primeira evidência mais sólida não surge antes do início do século IV, quando dois jovens viajantes cristãos, vindos de Tiro, desembarcam num porto etíope para se reabastecerem de suprimentos. Assaltantes atacam a embarcação e somente os dois jovens escapam com vida. Frumêncio e Edésio são, então, levados como cativos até Axum, onde ganham a confiança do povo pregando o cristianismo. Mais tarde, conquistam o favor da família real, tornando-se tutores dos jovens príncipes.

Quando morre o soberano, Frumêncio é nomeado regente do agora jovem rei. Posteriormente, ele retorna para Alexandria a fim de recrutar mais missionários, sendo então consagrado bispo da Etiópia. No fim de seu reinado, o rei Ezana é convertido. Suas primeiras inscrições reais têm motivos pagãos, mais tarde tornando-se cristãs. Um século depois, ocorreu um fato significativo: o influxo de refugiados cristãos por conta do Concílio de Calcedônia, em 451. Os cristãos monofisitas se viram, então, perseguidos como heréticos. (Os monofisitas cristãos acreditam que a natureza de Jesus seja totalmente divina, e não divina e humana ao mesmo tempo.) Muitos encontraram na Etiópia refúgio para além do alcance dos imperadores bizantinos; entre esses refugiados, havia nove monges com nomes siríacos, os quais obtiveram tamanho sucesso como missionários na Etiópia que se tornaram santos. Fundaram monastérios e traduziram livros sagrados. Talvez tenha sido por meio deles que Enoque chegou à Etiópia.

À medida que Bruce viajava pela Etiópia, decidiu coletar o maior número possível desse tipo de manuscritos, comprando aqueles que podiam ser comprados e contratando escribas para que copiassem os que não podiam. Foi-lhe recomendado certo escriba da Lei, o qual seria capaz de copiar os livros sagrados para ele. Em seu diário ("Travels to Discover the Source of the Nile", vol. vii. 2. ed., Edinburgh, 1804), lemos a seguinte entrada: "12 de dezembro de 1770 – Weleda Yesous, o mais jovem, assumiu o compromisso de escrever-me os livros de Josué e Juízes, recebendo, pela encomenda, 72 lâminas de papel, cada qual com quatro seções e dois sais como forma de pagamento".

Parece que Bruce fornecia, diariamente, o pergaminho aos escribas, à medida que produziam. Outros escribas copiavam outras obras. No fim de sua viagem, ele relata:

> Entre os artigos que confiei à biblioteca em Paris, havia uma linda e magnífica cópia das profecias de Enoque, diagramada em quarto grande; a outra cópia está junto à Escritura, que trouxe para casa, posicionada imediatamente antes do Livro de Jó, seu lugar apropriado no cânone abissínio; a terceira cópia, dei de presente à Biblioteca Bodleian, em Oxford, entregue pelas mãos do dr. Douglas, bispo de Carlisle. (*Travels, vol. ii.*)

Bruce faz um breve resumo do livro para seus leitores, descrevendo como os anjos se apaixonaram pelas filhas dos homens e lhes deram descendentes. Estes se tornaram gigantes temíveis, destruindo a terra: "Os gigantes não eram tão generosos como tinham sido os filhos e filhas dos homens, seus pais".

A primeira tradução de *1 Enoque* para o inglês foi feita por Laurence, em 1821, para a qual foram usados os manuscritos trazidos por Bruce. Durante o início do século XIX, muito mais manuscritos de Enoque foram trazidos para a Europa, mas o próximo desenvolvimento significativo não veio até 1886, quando um manuscrito grego de *1 Enoque* 1-32 foi descoberto por arqueólogos no Egito. Até essa descoberta, a única evidência da existência de *1 Enoque* em grego fora muito fragmentária. Havia as citações dos primeiros autores cristãos; havia um pequeno trecho de *1 Enoque* 89 descoberto num manuscrito do século XI no Vaticano; e havia o escrito de um historiador grego-bizantino, George Syncellus (Syncellus é um título, não um nome; significa alguém que divide uma cela com outro monge, um companheiro). Pouco se sabe a seu respeito, exceto o fato de ter sido secretário de Tarásio, patriarca de Constantinopla entre 784 e 806. Ele passou parte de sua vida na Palestina; uma vez terminado seu trabalho com o patriarca, Tarásio retirou-se para um mosteiro a fim de escrever uma história do mundo. Ele usou partes de Enoque em sua descrição do tempo antes do dilúvio de Noé, citando os capítulos 6-10 e 15-16, nos quais se conta a história dos anjos caídos e de seu julgamento. Em geral, pensa-se que a biblioteca de seu mosteiro não continha um texto completo de Enoque, e que ele citava trechos de um trabalho mais antigo, da lavra de um monge alexandrino do século V, Panodorus. Essas questões do Enoque grego foram primeiramente notadas por J. Scaliger, que publicou seu trabalho em Amsterdã em 1658. Assim, até o fim do século XVII, tínhamos, em grego, somente os capítulos 6-11, 15-16, 89, além de várias citações.

No inverno de 1886-87, um cemitério cristão copta foi escavado em Akhmim, cidade situada no Alto Egito às margens do Nilo, a cerca de 400 quilômetros do Cairo. O cemitério, no topo de uma colina, tinha 3,5 quilômetros de comprimento, alveolado com túmulos de pedra. Enterrados com os mortos, havia bens depositados. Foram encontrados belíssimos tapetes, alguns datados dos séculos II e III A.D., o que fazia deles os mais antigos exemplares conhecidos desse tipo de tapeçaria. Num dos túmulos, foi encontrado um pequeno livro contendo o *Evangelho de Pedro*, o *Apocalipse de Pedro*, e quase toda a primeira parte de *Enoque* (capítulos 1-32) amarrada num único volume. Era apenas um pequeno livro, 33 páginas de pergaminho, medindo 16 x 13 centímetros, mas se tratava do até então mais longo texto conhecido em grego de *Enoque*, datando do século V ou VI. Então, em 1930, catorze páginas em papiro, num códice de Enoque do século IV, foram descobertas e adquiridas. Representam a última seção de Enoque, conhecida como "Epístola de Enoque", hoje em Dublin. Assim, conseguimos juntar uma boa quantidade de texto grego de Enoque.

Logo em seguida, tiveram início os trabalhos para uma nova tradução. O *scholar* que tomou para si tamanha empreitada foi

Robert Henry Charles, irlandês nascido no condado de Tyrone em 1855. Ele se tornaria uma figura de primeira ordem entre acadêmicos ligados aos estudos sobre Enoque, e seu trabalho ainda não foi superado. Educado em Belfast e Dublin, posteriormente foi ordenado, tendo trabalhado por seis anos nas paróquias de Londres. Em razão da saúde débil, ficou por um ano na Alemanha, onde teve início seu interesse pela literatura intertestamentária. Ao voltar para a Inglaterra, Charles fixou-se em Oxford e, em 1893, publicou a primeira edição de sua tradução do *Livro de Enoque*. A segunda, lançada em 1912, tornou-se o texto padrão e até recentemente era a única versão usada em inglês (essa sua versão de *1 Enoque* é a que utilizamos neste livro). Charles concluiu que Enoque era "o escrito judaico mais importante entre os anos 200 a.C. e 100 A.D.". Outros trabalhos acadêmicos foram lançados; Charles disponibilizou aos estudiosos, pela primeira vez, muitos textos apocalípticos, e ao fazê-lo alterou para sempre a face dos estudos bíblicos acadêmicos. A fim de alcançar tamanha importância, ele teve de dominar não somente o hebraico, o grego e o latim, mas também o siríaco, o armênio e o etíope. Seu obituário diz que nada do que escreveu sobre literatura apocalíptica poderia ser levianamente desprezado, e isso ainda permanece verdadeiro. Charles recebeu muitas homenagens, prêmios e distinções acadêmicas. Em 1925, foi o primeiro a conquistar a medalha da Academia Britânica em estudos bíblicos. Em 1913, tornou-se cônego de Westminster, tendo passado a arquidecano em 1919. Dez anos mais tarde, sofreu seriíssimos ferimentos num acidente de carro, vindo a falecer em 30 de janeiro de 1931, depois de dezoito meses de incapacitação.

O desenvolvimento mais empolgante e significativo nos estudos enóquicos se deu em setembro de 1952. Cinco anos antes dessa data, foram encontrados, em cavernas próximas ao monastério de Qumran, os primeiros exemplares dos Pergaminhos do Mar Morto, a noroeste do Mar Morto (o lugar é por vezes chamado de Hirbet Qumran; *hirbet* significa "ruína de"). A história da descoberta é conhecida: um jovem pastor árabe, à procura de um bode desgarrado, divertia-se, solitariamente, atirando pedras nas entradas dessas cavernas. Em um de seus arremessos, ouviu o estilhaçar de cerâmica. Depois de vencer o medo, ele e um amigo começaram a explorar o local, engatinhando pela entrada estreita da caverna, onde encontraram uma fila de oito jarros de louça de barro, um dos quais contendo três pergaminhos. Posteriormente, descobriu-se que um desses pergaminhos correspondia a uma versão completa de Isaías. Ao perceberem que isso poderia render-lhes um bom dinheiro, seguiram-se outras visitas secretas, e não demorou muito para que surgisse um suprimento constante de fragmentos inéditos colocados à venda para instituições de ensino. O bispo metropolitano sírio do mosteiro de São Marcos, Mar Athanasius, comprou alguns pergaminhos e os levou para os Estados Unidos, onde foi difícil encontrar compradores interessados, sendo os documentos finalmente adquiridos pelo Estado de Israel, em 1955, pelo montante de 250 mil dólares. Um professor da Universidade Hebraica, E. L. Sukenik, já reconhecera a idade e a importância dos pergaminhos, mas à época havia uma guerra entre judeus e árabes; a vida não estava fácil para ninguém na região. Quando um armistício foi levantado, em julho de 1948, arqueólogos se viram então na condição de iniciar uma investigação cuidadosa naquela área de cavernas, e o lugar foi devidamente explorado. Um dos trabalhos encontrados foi uma reescrita de Gênesis, então denominado, pelos *scholars*, de *Genesis Apocryphon* (veremos seu significado no capítulo 3).

Certa noite, no ano de 1952, um grupo de pastores árabes discutia esses achados, felicitando-se pela recém-descoberta fonte de renda, quando, entre eles, um ancião recordou-se de um incidente de sua juventude: ele caçava na região, onde seguiu uma perdiz ferida até a entrada de uma caverna. Lá encontrou não só sua presa, mas também uma antiga lamparina e muitos fragmentos de cerâmica. Os outros homens anotaram todos os detalhes que o ancião podia oferecer-lhes em relação à localização exata dessa caverna. Então logo partiram em sua busca. Identificaram a caverna, cavaram seu piso e lá encontraram uma grossa camada com milhares de fragmentos manuscritos. Infelizmente para esses homens, mas felizmente para os *scholars*, homens de tribos rivais revelaram a localização dessa caverna ao governo, e uma equipe de *experts* ficou encarregada de peneirar os detritos e recuperar muitos dos valiosos fragmentos. A caverna da perdiz, conhecida como caverna número 4, parece ter sido a biblioteca da colônia de Qumran, ou mesmo o lugar onde armazenaram uma biblioteca quando o desastre se abateu sobre todos, forçando-os a abandonar sua colônia e esconder os pergaminhos. Era uma caverna artificial, sendo que fora, em determinada época, a cela de um eremita. Uma de suas duas câmaras fora usada exclusivamente para depositar os jarros com os pergaminhos. Alguns foram rasgados, mas em épocas passadas, sugerindo que a caverna tinha sido roubada muitos séculos antes de ser encontrada. Entre os fragmentos, havia os remanescentes de onze manuscritos, ou pedaços de manuscritos, de *1 Enoque* (um relato completo dessas primeiras descobertas pode ser lido em J. T. Milik, *Ten Years of Discovery in the Wilderness of Judea*, London, 1959).

Nem todo o texto etíope estava representado. O *Livro de Enoque* é geralmente dividido em cinco seções (ver capítulo 2); todas elas, à exceção de uma, estavam representadas nos manuscritos.

A segunda seção do texto etíope, conhecida como "Similitudes" de Enoque, estava ausente. Isso constitui uma lacuna bem significativa, conforme veremos adiante, uma vez que "Similitudes" conecta-se intimamente com parte expressiva do pensamento cristão primitivo, e a questão a que todo *scholar* gostaria de responder é a seguinte: "Trata-se de uma composição cristã ou de uma composição mais antiga que foi usada pelos cristãos?". É possível que "Similitudes" só tenha sido escrito depois que a biblioteca de Qumran foi abandonada. É igualmente possível, não obstante, que essa biblioteca não dispusesse de todas as obras enóquicas à época conhecidas. Outra possibilidade distinta: as cavernas foram anteriormente visitadas e alguns de seus livros removidos. Orígenes, o grande professor e *scholar* cristão, que viveu na Cesareia, no início do século III, e que veio a morrer no martírio, durante as perseguições de 254 A.D., encontrou uma tradução do Livro dos Salmos, juntamente com livros hebraicos e gregos, num jarro próximo a Jericó. Jericó fica 16 quilômetros ao norte de Qumran! No fim do século VIII, o patriarca da Selêucia sabia de livros do Antigo Testamento e de outros escritos em hebraico que haviam sido localizados numa área de cavernas próxima a Jericó, peças que foram encontradas por um árabe que caçava enquanto seguia seu cachorro até a entrada de uma caverna (a Selêucia era o porto de Antioquia; Paulo e seus companheiros lá embarcaram em sua jornada missionária [Atos dos Apóstolos 13,4]). Um autor do século IX conhecia uma ordem judaica chamada de "Seita da Caverna", uma vez que seus livros haviam sido abrigados numa caverna. Os *scholars* do século XX não foram os primeiros a retirar pergaminhos da antiga biblioteca de Qumran, e seria, de fato, muito perigoso supor que aquilo que lá não havia nos anos 1950 nunca lá estivera, em primeiro lugar.

Os fragmentos de Enoque encontrados eram, realmente, fragmentos. Algumas das partes utilizáveis tinham metade do tamanho de um selo normal! Esses pedacinhos tiveram de ser separados e identificados antes que sua tradução pudesse ser iniciada. O trabalho envolvido foi tremendo, e uma edição completa dos fragmentos não ficou pronta para publicação antes de 1976, ou seja, 24 anos depois de terem sido encontrados (J. T. Milik. *The Books of Enoch – Aramaic Fragments of Qumran Cave 4*, Oxford, 1976). Os pedaços tiveram de ser distinguidos entre si de diversas maneiras. Nem todos os pergaminhos eram da mesma cor. Alguns eram creme, outros marrom-claros, outros tinham tonalidade azulada e outros, ainda, eram levemente rosados, a depender da tonalidade da pele em que o pergaminho fora feito. Além disso, eram diversas as caligrafias; em muitos casos, foi possível identificar individualmente alguns escribas, tendo seu trabalho sido reunido com base nisso. As cores de tinta também diferiam entre si, assim como o estilo das fontes e mesmo a forma como as linhas-guias para a escrita foram desenhadas. Por fim, traduziram-se os pedaços legíveis, e os parcialmente legíveis foram reconstruídos. As muitas lacunas foram então preenchidas, para que fosse possível uma leitura inteligível, ainda que, quando preenchidas e impressas numa tradução, essas lacunas estejam sempre entre colchetes, de modo a sinalizar sua existência para o leitor. Mais frequentemente que não, há mais lacunas que texto, mas a reconstrução se baseia no tamanho das letras e na extensão de cada linha de coluna do pergaminho. Isso possibilita saber quantas letras têm de ser encaixadas nos conjuntos de termos que o tradutor tem à disposição, representando, talvez, uma coluna que foi rasgada da metade para baixo, ou mesmo parcialmente consumida. Trata-se de trabalho altamente especializado.

Assim que os fragmentos foram reunidos e depois traduzidos, principiou-se a tarefa de comparação entre o aramaico e o etíope. A correspondência entre eles foi notavelmente boa, mostrando que a versão etíope é substancialmente a mesma que aquela usada pela comunidade de Qumran, ainda que, em certas partes, a versão em aramaico se mostre mais completa que a em etíope. Por exemplo, a terceira seção, o "Livro Astronômico", é mais extensa em aramaico que na versão em etíope, sugerindo-nos que a literatura enóquica tenha sido mais abrangente, ultrapassando, em muito, o material dos remanescentes atuais. Sem dúvida também existem diferenças entre as versões, mas são questões restritas aos especialistas em aramaico, grego e etíope. O sentido geral do texto fica imediatamente claro em qualquer uma das versões passadas para o inglês.

Desde que os fragmentos em aramaico foram descobertos, tem havido um expressivo aumento na atividade acadêmica relacionada. Os estudos em pseudepigrafia (*1 Enoque* e obras similares) são os que mais crescem no âmbito acadêmico dos estudos bíblicos, e um devido conhecimento de *1 Enoque* tornou-se hoje matéria preliminar e necessária a qualquer estudo responsável sobre o Novo Testamento.

Há três traduções de Enoque prontamente disponíveis em inglês.

E. Isaac, em J. H. Charlesworth (org.), *The Old Testament Pseudepigrapha*, vol. i: *Apocalyptic Literature and Testaments* (New York e London, 1983).

M. A. Knibb, *The Ethiopic Book of Enoch* (Oxford, 1978), também incorporado em H. D. F. Sparks (org.), *The Apocryphal Old Testament* (Oxford, 1984). O último é uma revisão do *Pseudepigrapha* de Charles.

R. H. Charles, *The Book of Enoch* (Oxford, 1912; SPCK [1917], repr. 1987), também incorporado em seu *Apocrypha and Pseudepigrapha of the Old Testament*, vol. ii; *Pseudepigrapha* (Oxford, 1913).

Capítulo II

O *LIVRO DE ENOQUE*

O *Livro de Enoque* é muito esquisito. Nele, visões celestes são descritas em jornadas que cruzam cordilheiras fantásticas, cujo destino é a contemplação de fossos flamejantes onde anjos caídos ardem eternamente; contempla-se o julgamento final diante do grande trono junto do movimento dos astros e do sol. Algumas partes são bem semelhantes às dos profetas do Antigo Testamento; outras, no entanto, narram versões curiosamente desconhecidas da história de Israel. Como se entra em contato com um livro desse tipo? Por que devemos tentar fazer isso?

O choque advindo de sua estranheza pode ser realmente benéfico. Sabemos que se trata de um livro esquisito, que precisa ser explicado, uma vez que pertence a outro tempo, a outra forma de pensar e falar sobre Deus. Sabemos, também, que esse mesmo livro foi usado e compreendido por aqueles que escreveram o Novo Testamento: Enoque, o profeta, é citado em Judas 15, e o tema de Enoque é explorado em 2 Pedro 2. Há várias passagens, conforme veremos, em que Enoque está muito à superfície do Novo Testamento, mas esses dois claríssimos exemplos serão, por ora, suficientes. Se de fato os autores do Novo Testamento estavam bem à vontade no mundo de Enoque, o qual nos parece hoje tão fundamentalmente estranho e incompreensível, como então podemos ter certeza de que estamos lendo e compreendendo o

Novo Testamento do modo como era originalmente esperado? Haveria mais coisas a considerar além daquilo a que uma leitura familiar nos condiciona? Será que a própria familiaridade dos textos do Novo Testamento implica que os lemos ao nosso modo, e não mais ao modo daqueles que os conceberam? Um estudo bíblico não orientado pode vir a ser uma faca de dois gumes, uma forma fácil de criar um Deus à nossa imagem. Uma coisa é ler o Novo Testamento no inglês moderno do dia a dia; outra, bem diferente, é compreendê-lo com base nessa leitura, uma vez que esse material não foi escrito com apoio em ideias modernas e muito menos em língua inglesa.

Ler *Enoque* em língua moderna ilustra perfeitamente esse problema, colocando-nos face a face com todo um corpo literário em relação ao qual ainda não desenvolvemos formas próprias de compreensão, e cujo material de que podemos dar conta ou não nem mesmo selecionamos. Indubitavelmente, há algumas passagens no Novo Testamento que hoje são usadas com mais frequência que outras, pois nos parecem mais relevantes, mais importantes. Fazemos nossa seleção da Escritura e, portanto, inevitavelmente, operamos uma distorção. Ouviremos mais sermões inspirados em Romanos 5 que em Judas, mais sermões inspirados em Lucas 10,29-36, a passagem do bom samaritano, que na seção imediatamente anterior, na qual se discorre sobre coisas como o Julgamento de Cafarnaum, Satanás caindo do Céu e escorpiões pisados. Isso ocorre porque Judas e o julgamento final não são coisas confortáveis para nós. Mas a questão é: essa seleção que fazemos distorce de fato o Novo Testamento? Certamente que sim. Em relação a *1 Enoque*, podemos ficar tentados a fazer a mesma coisa, adotando prontamente as seções mais familiares aos nossos ouvidos, que tratam de justiça social e de temas correlatos, uma vez que sabemos lidar com essas questões. Caso façamos isso, perderemos uma oportunidade de modificar nosso quadro mental frente ao imaginário da época de Jesus.

Fomos nós que construímos a imagem familiar de Jesus: o professor simples, cercado por seguidores do povo, pessoas comuns e iletradas em sua maioria, que resistiram aos sofisticados líderes religiosos de sua época. A ambientação se dá numa Galileia de rebanhos e pequenas embarcações, mesmo que a Galileia, à época, se notabilizasse como local de resistência armada e emboscadas sangrentas, onde se ansiava pelo término do domínio romano. Os pontos nos quais Enoque ilumina o Novo Testamento nos mostram que o quadro que geralmente concebemos está bem longe de ser preciso. *1 Enoque* não é uma obra popular, não reproduz a religião simples de pescadores e pastores galileus. A obra representa um expressivo corpo de conhecimento, deveras sofisticado ao seu próprio modo – antigo, intricado e altamente desenvolvido. Se ensinamentos como esse eram conhecidos pelos autores do Novo Testamento, então o próprio Novo Testamento talvez seja a ponta de um *iceberg*. Isso significa que uma boa parte do que era tido como importante durante o cristianismo primitivo pode não ter sido explicitada no Novo Testamento, uma vez que estava subentendida, ou seja, integrava um conhecimento comum. Dessa forma, é possível que embasemos nosso quadro sobre os ensinamentos dos primeiros cristãos somente numa pequena porção do que esses ensinamentos eram verdadeiramente. Muito da teologia desenvolvida pelas primeiras igrejas pode ter sido nada mais que o desemaranhar daquilo que já se fazia presente desde o início. Assim sendo, estamos obrigados a fazer certo esforço para compreender esse livro curioso, e outros semelhantes a ele.

Enoque, de quem o livro recebe seu nome, foi um sábio do período anterior ao dilúvio de Noé. As palavras do livro lhe são atribuídas, ainda que não exista a menor possibilidade de que ele o tenha escrito. Tal prática é conhecida por pseudepigrafia, "escrever sob um nome falso". Para o leitor moderno, a coisa se assemelha à mera falsificação, mas, ao nos deixarmos colorir por essa prática antiga, muitas outras coisas virão a nos impactar ainda mais. Escrever com o nome de outrem, desse modo alegando possuir inspiração profética, era prática aceitável na época do Novo Testamento. Um dos Pergaminhos do Mar Morto mais dramáticos, o mais extenso, é o "Pergaminho do Templo", que é escrito como uma nova revelação divina, dirigida a Moisés. O Deuteronômio foi provavelmente composto da mesma forma, ainda que muito antes, uma vez que ambos são revisões da Lei dada a Moisés. Não pensamos os escritos bíblicos como sendo pseudepígrafos, mas muitos deles são. Há um hinário cristão bem antigo chamado "Odes de Salomão" – Salomão não o escreveu, certamente. De modo semelhante, o Livro do Apocalipse mostra-nos o visionário João sendo instruído em sua visão para que escreva as palavras do Jesus celestial, enviando-as às sete igrejas como uma mensagem de Jesus (Apocalipse 1,11; 2,1-8, etc.). É bem provável que parte expressiva do Quarto Evangelho também seja composta de palavras do Jesus celestial passadas a um profeta cristão dos primeiros tempos, à medida que as igrejas nascentes começavam a perceber o verdadeiro significado de Jesus. O incidente na estrada de Emaús explicita quanto os discípulos não haviam compreendido quem era Jesus durante o ministério deste; toda interpretação de seu ministério foi feita retrospectivamente, de posse de uma sabedoria especial. Talvez o melhor exemplo de todos venha de Paulo, que foi inflexível em dizer que a Boa-Nova que recebera viera diretamente de Jesus, mesmo que ele jamais tenha conhecido Jesus pessoalmente durante o ministério deste (Gálatas 1,11-12). Esse costume da pseudepigrafia profética não deve nos perturbar indevidamente. Trata-se apenas de mais um exemplo de como os modos daquela época diferiam dos nossos. Ao final, a prática foi contida por meio da ênfase na tradição apostólica, a linha direta de ensinamento derivada dos apóstolos, que tinham sido testemunhas vivas do ministério de Jesus, mas a tensão prosseguiu entre aqueles que diziam que tudo tinha de ser provado com base na Escritura e os que diziam haver outras fontes de ensinamento cristão.

O *Livro de Enoque* tem muitos pontos de contato com o Antigo Testamento, ainda que os itens divergentes sejam em maior número. Não há, em Enoque, lugar para o elaborado culto sacrificial do Templo, tampouco lugar para uma citação do Antigo Testamento tal qual o conhecemos (exceto no tocante ao cântico dos anjos, "Santo, Santo, Santo", o mesmo que em Isaías 6,3); também não há nenhum papel significativo para a Lei de Moisés. Que tipo de judaísmo era esse sem lugar de destaque para a Lei e sem lugar nenhum para o culto sacrificial? O que há, por outro lado, é uma grande ênfase no Dia do Julgamento, na mediação e revelação de Enoque, que era um homem sábio, escriba e sacerdote. São muitos os pontos de contato com Isaías e Salmos, e parece que há a preocupação em manter vivas muitas tradições antigas, as quais haviam perdido proeminência nos livros do Antigo Testamento. *1 Enoque* declara textualmente que as mudanças e desenvolvimentos após o retorno dos judeus do cativeiro babilônico foram ruins. Aqueles que construíram o novo Templo eram impuros e apóstatas:

> E começaram, novamente, a construir, como haviam feito, e levantaram a torre, dando-lhe o nome de grande torre; e, novamente, postaram uma mesa diante da torre, mas todo seu pão estava poluído, impuro [...]
>
> E depois disso, na sétima semana, levantará uma geração de apóstatas,
> E muitos serão os seus feitos,
> Todos eles perversos. (*1 Enoque*)

O que temos em Enoque são os escritos de um grupo conservador, cujas raízes alcançam o período remoto do primeiro Templo, quando ainda havia reis em Jerusalém. Caso isso esteja correto, o assunto é de suma importância para nossa compreensão do cristianismo, uma vez que o tema central deste é o fato de Jesus ser o Messias, o Ungido, o verdadeiro rei de Israel. O cristianismo primitivo sempre alegou ser a verdadeira realização do Antigo Testamento. O que poderia ter sido mais natural que as ideias a respeito do Messias terem se baseado em esperanças e ideais antigos, relacionados aos primeiros reis? Em Enoque, temos, muito provavelmente, um eco poderoso acerca desses modos antigos, e Enoque foi preservado somente com um livro cristão, mesmo que tenha sido escrito muito antes da época de Jesus. As igrejas cristãs perceberam uma importância especial nessa obra, e isso influenciou muito de seu pensamento acerca do Messias.

O destino posterior de Enoque confirma isso. Alguns professores judeus nos primeiros séculos cristãos tiveram atitude bastante negativa em relação ao livro. Um comentário sobre Gênesis (*Genesis Rabbah* 25,1) diz que Enoque era maligno e hipócrita, que foi levado por Deus antes de ter a chance de cair ainda mais fundo na corrupção. Outras tradições, todavia, lembravam-no como o grande escriba no céu (p. ex., no Talmude de Jerusalém sobre Gênesis 5,2). Ele se tornou o arcanjo Metatron (*3 Enoque* 4,16). Tratava-se de uma figura messiânica, do agente de Deus (*3 Enoque* 10,3-6). Enoque era uma figura que despertava paixões consideráveis. Em geral, *scholars* concordam que a referência do Antigo Testamento a Enoque, no Livro de Gênesis, é críptica, e implica que o autor sabia bem mais a respeito dele do que resolveu incluir no livro. O relato em Gênesis dos anjos caídos (Gênesis 6,1-4) também foi pesadamente editado; nesse trecho, o hebraico fica todo truncado. Ao que tudo indica, mesmo na época em que se compunha o Livro de Gênesis, havia hostilidades contrárias a Enoque e à tradição a ele associada. Apesar disso, havia também os que apreciavam essas tradições e, entre estes, havia os cristãos. Isso significa que os primeiros cristãos convertidos tiveram uma discussão ferrenha com setores do judaísmo? Talvez *1 Enoque* nos dê uma dica em relação à natureza desse debate. Será que Jesus, menos que causa da divisão, foi mais, em vez disso, o agente de sua finalização? Esse tipo de aproximação com Enoque tem sido comparado ao trabalho dos arqueólogos, que, quando se valem de fotografias aéreas, conseguem, com base nos marcos ainda visíveis na superfície, descobrir onde cavar, a fim de recuperar aquilo que, de outro modo, teria permanecido escondido.

Quando comparamos *Enoque* com os escritos antigos que não integram o Antigo Testamento, descobrimos que muitos deles fazem alusão às mesmas tradições antigas, tais quais as encontramos em *Enoque*. Caso fossem todas idênticas, poderíamos talvez dizer que um escrito foi copiado de outro, e assim sucessivamente, mas, sabendo que a relação entre esses escritos é bem complexa, podemos concluir somente que temos – nessas alusões – peças de um antigo quebra-cabeça de ideias, o qual, uma vez montado, oferece-nos um quadro daquilo que subjaz a parte expressiva do Antigo Testamento. Em nenhum lugar, nos livros bíblicos, isso está explicitado, mas pode significar que se tratasse de conhecimento comum, rotineiramente conhecido para que necessitasse de comentários. Esse padrão oculto também subjaz ao Novo Testamento.

Encontramos esse padrão em vários livros escritos no transcorrer do século II a.C., por exemplo, no *Livro dos Jubileus*, uma reescrita de Gênesis; em *Assunção de Moisés*, uma reescrita da última parte do Deuteronômio; no *Testamento de Judá*, que alega narrar as últimas palavras do filho de Jacó, Judá, antes da morte deste; e em algumas alusões no Daniel bíblico. O quadro que retratam é muito importante para nosso entendimento sobre a visão de mundo que tinham os autores do Novo Testamento. Descrevem o julgamento final como um grande julgamento diante do trono de Deus, e a luta entre dois príncipes angélicos, um bom e outro mau. Judas 9 fala de Miguel Arcanjo e Satanás em disputa pela posse do corpo de Moisés; trata-se do mesmo padrão de ideias. Podemos ainda ser lembrados do quadro que nos oferece o Quarto Evangelho acerca do Espírito Santo, visto como o Advogado no grande julgamento. A tradição perdida também discorre sobre como um grande livro é aberto e os maus recebem a sua devida recompensa. Os justos, frequentemente chamados de sábios, recebem a vida eterna, descrita como exaltação aos astros ou como ascensão/subida, em que se olha para baixo e se contempla o julgamento dos inimigos. Os perversos são abatidos e lançados num fosso flamejante. O Livro do Apocalipse se insere nitidamente nessa tradição, como também as palavras de Jesus: "Via Satanás cair do céu como um relâmpago" (Lucas 10,18). Jesus foi um dos que ascenderam à presença de Deus; lá estava quando o anjo das trevas foi derrubado.

A maior parcela das pessoas que recita o Credo, com as referências deste ao julgamento final e à vida eterna, mal sabe o verdadeiro significado dessas palavras. Chegamos a certo acordo conjunto sobre o significado desses termos ou sobre o que devem significar, sensatamente, em nossos dias, a fim de nos proteger do literalismo e dos fundamentalistas, e também dessas curiosas minorias que se esforçam por calcular a data do julgamento final ou mesmo capturar a identidade real dos vários dragões e bestas. Mas, quando avaliamos essas ideias de julgamento em seus ambientes originais, descobrimos que são notavelmente sofisticadas e, uma vez apropriadamente desemaranhadas, mostram-se extremamente relevantes ao nosso mundo contemporâneo.

O *Livro de Enoque* é dividido em cinco seções conhecidas como "Livro dos Vigias", "Similitudes", "Livro Astronômico", "Livro dos Sonhos" e "Epístola de Enoque". Todas, exceto a segunda, foram achadas, em fragmentos, entre os Pergaminhos do Mar Morto, e o fato de "Similitudes" não ter sido encontrada nas cavernas deu ensejo a debates ardorosos entre *scholars*. "Similitudes", também conhecida como "Parábolas", contém muito material que parece ser organicamente cristão. Há, por exemplo, passagens acerca de alguém chamado Filho do Homem, e seu papel central no julgamento final. Se "Similitudes" for uma criação cristã, então, as passagens relativas ao Filho do Homem descrevem uma crença cristã primitiva, desenvolvida com base em referências evangélicas de Jesus como o Filho do Homem. Mas, caso seja um texto pré-cristão, temos então, em "Similitudes", um quadro sobre a compreensão que os primeiros cristãos tinham de Jesus, especialmente quando usavam esse título para descrevê-lo, ou mesmo o que Jesus queria dizer ao chamar a si mesmo de Filho do Homem (exploraremos mais profundamente esse assunto no capítulo 7). Aqueles que dizem que "Similitudes" é um texto pós-cristão apontam para os Pergaminhos do Mar Morto como evidência convincente. Esse texto não foi lá encontrado, portanto só pode ter sido elaborado posteriormente. Mas se trata de argumentação perigosa, a menos que tenhamos a certeza de que a biblioteca de Qumran tinha uma cópia de cada livro conhecido à época, o que parece ser improvável. Há outros escritos "enóquicos" citados em *Testamentos dos Doze Patriarcas* (uma obra do século II a.C.), e também na antiga "Epístola Cristã de Barnabé", embora não seja possível encaixar essas citações em nenhum livro conhecido de Enoque, menos ainda nos Pergaminhos do Mar Morto. Isso significa que a biblioteca de Qumran possuía alguns livros de Enoque, mas não todos eles. "Similitudes" pode compreender parte desses textos ausentes na biblioteca.

A questão da datação, em relação aos outros livros enóquicos, também é motivo de controvérsia. Um método comum tem sido analisar os fragmentos encontrados em Qumran e então datar os livros, mas se trata de procedimento perigoso. Caso pudéssemos provar que os livros de Enoque foram realmente compostos em Qumran, e que esses pedacinhos sobreviventes se originaram de manuscritos de um autor de Qumran, então os remanescentes físicos poderiam datar a origem dos textos no segundo ou terceiro séculos a.C. Mas não podemos nos fiar nisso. Imaginem o que esse método de datação faria ao Antigo Testamento. As evidências físicas mais antigas no tocante aos textos do Antigo Testamento, pedaços de textos que podemos manusear, também se encontram entre os Pergaminhos do Mar Morto. Mas isso significa que todos os livros do Antigo Testamento foram compostos no século II a.C., no mosteiro de Qumran? Obviamente isso seria altamente improvável! Não devemos ter um conjunto de regras para os textos bíblicos e outro para os não bíblicos. Os escritos enóquicos podem ser tão antigos quanto qualquer livro do Antigo Testamento. Devemos então manter o discernimento.

A primeira seção de *1 Enoque*, o "Livro dos Vigias", toma seu nome dos Vigias/Sentinelas, anjos que vieram à terra e corromperam-na. Na numeração padrão dos capítulos, essa seção corresponde aos capítulos de 1 a 34, mas nem todo esse material se configura como uma única e consistente peça. Trata-se de uma compilação, como também ocorre com as narrativas em Gênesis e Êxodo; e mesmo dentro das unidades menores há sinais de que foram reunidos materiais mais antigos. Inconsistências foram deixadas de lado, assim como também foram em Gênesis. Quando se lê o relato do dilúvio com Noé em Gênesis, fica claro que se lê, ao mesmo tempo, duas versões da mesma história (Noé pega dois representantes de cada espécie animal, conforme em Gênesis 6,19; 7,9, ou pega sete pares, conforme Gênesis 7,2? O dilúvio dura quarenta dias, conforme Gênesis 7,17, ou 150 dias, conforme Gênesis 7,24?). Esse tipo de inconsistência não parece preocupar os autores antigos. Encontramos exatamente a mesma coisa em Enoque. A primeira parte do "Livro dos Vigias", capítulos 6-10, narra duas histórias interligadas sobre a queda dos anjos maus. Uma descreve como Asael trouxe conhecimento celeste para a terra, com isso corrompendo a criação. Ele ensinou metalurgia e cosméticos – "segredos eternos" (esses parecem ser, talvez, uma escolha estranha para segredos eternos!) –, sendo finalmente acorrentado pelo arcanjo Rafael. Asael é aprisionado no deserto, soterrado sob um amontoado de rochas dentadas, até o momento do grande julgamento, quando é destinado ao fogo. Gostaríamos de saber mais a respeito desse Asael; ele aparece em outros lugares em Enoque. Em "Similitudes", surge em 55,4, no momento em que é julgado, pelo Eleito, como líder dos anjos caídos; não obstante, em 69,2, aparece somente como o vigésimo primeiro líder das facções de anjos rebeldes. No "Livro dos Sonhos", reaparece como astro caído, o primeiro a cair do céu. A história sugere que foi Asael o corruptor de Adão e Eva no Jardim do Éden, encorajando-os a buscar o conhecimento que lhes fora interditado. A história, como hoje a conhecemos, em Gênesis 2 e 3, parece omitir parte expressiva desse enredo. Nunca somos informados, por exemplo, sobre como esse recém-criado jardim já dispunha de uma serpente do mal. Enoque, por sua vez, conta-nos como a serpente lá chegou e quem realmente era.

Há um demônio do deserto em Levítico 16,6-10 que ostenta um nome parecido – Azazel. O antigo ritual do bode expiatório solicitava que um bode fosse enviado aos ermos desérticos para Azazel. Esse bode carregava para os ermos todas as transgressões e pecados de Israel (Levítico 16,20-22). O Antigo Testamento nada mais diz a respeito de Azazel, tampouco o motivo pelo qual estava no deserto. Ele deve ter sido importante, uma vez que é o único, excetuando-se Deus, ao qual se oferece sacrifício, e era considerado apropriado enviar-lhe os pecados, dirigindo-os aos ermos. Em *1 Enoque*, descobrimos que Asael, o líder caído dos anjos, foi aprisionado nesses ermos. Enoque nos conta como lá chegou e quem realmente era.

A história dos anjos caídos, capítulos 6 a 10, nos conta como duzentos deles, liderados por Semihazá, firmaram um pacto por meio de um grande juramento, coadunando-se no mal, dirigindo-se à terra e apropriando-se de mulheres humanas. Geraram uma descendência monstruosa, demônios aterradores, os quais infestaram e corromperam a terra. Foram condenados e aprisionados pelo arcanjo Miguel ao longo de setenta gerações, confinados aos vales da terra, obrigados a ver seus rebentos demoníacos destruírem-se completamente entre si, para serem, então, conduzidos ao oceânico abismo de fogo durante o julgamento final. São justamente esses demônios, descendentes das hostes celestes de Semihazá, que encontramos nos Evangelhos, os quais ainda infestam a terra e ficam tomados de temor quando Jesus se aproxima para afastá-los, pensando que o julgamento chegou antes da hora (Mateus 8,29). Após o julgamento dos Vigias, a criação é liberada do poder demoníaco e restaurada em sua fertilidade e prosperidade.

Essas duas histórias são narradas no "Livro dos Vigias" sem nenhuma menção a Enoque. Perfazem a ambientação para o que vem depois. Então, no capítulo 12, somos informados de que Enoque é chamado a levar aos caídos a mensagem do julgamento destes. Enoque, como também ocorre com os outros profetas, é convocado a anunciar o iminente julgamento de Deus. Diferentemente dos demais profetas, todavia, ele o anuncia aos anjos do mal. Os caídos pedem a Enoque que interceda por eles, e o anunciador é imediatamente erguido ao céu durante uma visão de Deus. Na sequência, temos uma das passagens mais notáveis do livro (retornaremos a ela mais à frente). Em sua visão celeste, Enoque é informado de que não há misericórdia para os anjos caídos. O restante do "Livro dos Vigias" descreverá as viagens celestes de Enoque, em seu percurso exploratório, no qual ele conhece os segredos da criação. Ele vê onde estrelas e trovões são mantidos, conhece as fontes em que brotam os grandes rios e visita os cantos do mundo. É levado ao lugar onde os astros do mal foram aprisionados, contempla as montanhas celestes e vê a Árvore da Vida. O paralelo mais próximo a essas jornadas se encontra no Livro de Jó, capítulos 38 e 39. No momento em que Jó reivindica, para si, a posse de grandes saberes, o Senhor lhe dirige a palavra do seio da tempestade, perguntando-lhe se teria como ele conhecer todos os segredos da criação. Jó admite que isso lhe seria impossível, afirmando que esse conhecimento e esse poder são exclusividade de Deus. Todavia, em Enoque, temos essa crença contrariada. Enoque recebe esse conhecimento celeste; e a tradição na qual ele se encaixa, como veremos, acreditava que esse conhecimento conferia, ao seu portador, *status* angélico, tornando-o, de fato, semelhante a Deus. Comparemos isso com Gênesis 2-3. Na história do Jardim do Éden, a serpente promete a Adão e Eva que ambos receberiam o conhecimento que lhes abriria os olhos, tornando-os semelhantes a Deus. Seja lá quem tenha escrito a história de Gênesis, esse sujeito – ou sujeitos – acreditava que esse conhecimento era ruim, causa de todo o mal subsequente. Todavia, a outra tradição, que foi perdida, dizia que esse mesmo conhecimento conduzia o sujeito à presença de Deus. O sábio, de forma semelhante a Enoque, caminhava com Deus.

A segunda seção de *1 Enoque*, capítulos 37-71, conhecida como "Similitudes" ou "Parábolas", é descrita como uma visão de sabedoria. A seção consiste de três visões, independentes entre si, do grande julgamento dos reis e dos poderosos, e foi claramente compilada com base em ao menos duas versões de uma tradição mais antiga. Uma figura chamada de Filho do Homem, ou o Eleito, preside o grande julgamento, e, ao final da seção, descobrimos que Enoque será o Filho do Homem, o agente do julgamento (ou ao menos é isso que o texto parece nos dizer. Se estivéssemos lidando com textos e materiais familiares, haveria certeza suficiente para que fizéssemos uma escolha informada, de um modo ou de outro, quando surgisse um problema. Aqui, temos simplesmente de admitir que há uma leitura enigmática e que nosso conhecimento é insuficiente para fazer qualquer coisa a respeito). São tantas as questões importantes que se fazem presentes em "Similitudes" que delas cuidaremos em detalhe posteriormente (ver capítulo 5), abstendo-nos de especulações neste momento.

A terceira seção, capítulos 72-82, é conhecida como "Livro Astronômico". Os fragmentos dessa seção, encontrados em Qumran, revelam que esse texto foi, em determinado momento, bem mais extenso que o da versão atual. O anjo Uriel revela a Enoque todas as leis que governam os movimentos dos corpos celestes. É surpreendente descobrir que tal conhecimento faz parte de um tratado religioso, mas isso ocorre porque separamos ciência de religião, tratando-as como disciplinas eminentemente distintas. No Mundo Antigo, não era assim. Os sábios – e lembremo-nos de que Enoque era um sábio, um escriba e um sacerdote – aprendiam todo o saber da época. Eles conheciam medicina e matemática, metalurgia e engenharia, assim como aqueles aspectos do conhecimento que hoje consideramos mais dúbios: mágica, astrologia e leitura de presságios. Para eles, todo o saber compreendia o conhecimento da criação, conforme efetuada por Deus, e seria essencial observar essas leis divinas. Com efeito, nessa parte do livro, fala-se a Enoque sobre toda uma discussão a respeito do cálculo verdadeiro do calendário, o qual tinha de se basear no sol. Sabemos que o período do Segundo Templo foi uma época de muitas disputas a respeito do calendário; aqueles que viviam na comunidade restaurada de Jerusalém parecem ter adotado um calendário lunar, o qual ofendia os elementos conservadores da população. Sob esse sistema mais novo, os dias dos festivais sagrados caíam em outras datas, e temia-se enormemente que um ritual sagrado desempenhado numa data imprópria perdesse em absoluto sua eficácia. Os cálculos de calendário eram complexos e, aparentemente, mantidos em segredo. Segundo a tradição dos samaritanos, por exemplo, o calendário era regulado por seus sumos sacerdotes, os quais mantinham toda a fórmula secreta entalhada no cajado sumo-sacerdotal. Por outro lado, não há palavra sobre cálculos de calendário no Antigo Testamento. Dada a extrema importância desses cálculos, em relação aos ritos e cultos, trata-se de um silêncio notável.

A mais famosa dessas disputas referia-se à introdução de um calendário lunar, e algumas partes adicionais do "Livro Astronômico", encontradas em Qumran, lidam com a relação entre os calendários solar e lunar. O relato, conforme descrito na versão etíope, não apresenta polêmica a respeito desse novo calendário; talvez venha de uma época anterior ao surgimento da questão, ou mesmo de uma época posterior, quando ela já estava resolvida. O "Livro Astronômico" de Enoque faz um alerta contra deixar de contar o dia extra a cada quarto, o que seria necessário para manter o calendário minimamente correto. Cada estação do ano possuía seu anjo patrono, o qual tinha seu dia especial, e dentro de cada estação havia três outros anjos, cada qual governante de um mês de trinta dias. Assim sendo, cada quarto compreendia 3 x 30 + 1, isto é, 91 dias, dando-nos um ano de

364 dias. Isso dava, exatamente, 52 semanas, encaixando-se no padrão de sete dias por semana do calendário judaico. Pecadores, alerta o anjo, alterarão o calendário, de modo que as coisas não mais ocorrerão em seu tempo apropriado; as estrelas não vão subir e descer quando deveriam; e toda a ordem da criação será perturbada. Isso era visto como uma revolta das estrelas contra seu ordenamento próprio, ou seja, como outra manifestação da revolta angélica.

> E nos dias dos pecadores, os anos serão encurtados,
> E sua semente tardará em suas terras e campos,
> E todas as coisas da terra serão alteradas,
>
> E não aparecerão no tempo devido.
> E a chuva será contida
> E o céu a reterá [...].
>
> E a Lua alterará seu curso,
> E não aparecerá no tempo devido [...]
>
> E muitos dos chefes astrais transgredirão a ordem (prescrita).
> Alterarão seus cursos e tarefas,
> E não aparecerão nas estações que lhes foram prescritas.
> (*1 Enoque* 80,2, 4, 6)

Ninguém pode dizer com segurança onde se originou esse sistema de cálculo. Ele apresenta uma fraca semelhança com qualquer outro sistema conhecido do mundo antigo, e bem pode ser peculiar a Israel. O horizonte dividia-se numa série de "portões" pelos quais o sol nascia, e assim era possível calcular a época do ano com base na posição do sol nascente e poente.

Já no século IV a.C., autores pagãos caracterizavam os judeus como astrônomos, mas esse aspecto da vida deles nunca poderia ter sido adivinhado com base no Antigo Testamento.

Outro motivo para estudar as estrelas era o da predição. Não se tratava de astrologia no sentido moderno do termo, uma vez que todos os astros, exceto os rebeldes malignos, estavam atados pelas leis de Deus, integrando a grande aliança cósmica (ver capítulo 6). Mas os autores desses apocalipses tinham uma crença curiosa sobre os astros, que pode nos dar uma pista a respeito dos motivos pelos quais os sábios eram tão requisitados como conselheiros políticos. As estrelas representavam os reis, sendo que cada rei tinha seu próprio anjo guardião, o qual era também uma estrela. Encontramos dicas dessa crença em anjos/estrelas/reis mesmo no Antigo Testamento; tratava-se de referencial arcaico, não de algo recentemente tomado de empréstimo do paganismo. Isaías 14, por exemplo, descreve como um astro orgulhoso, o rei de Babilônia, é arremessado do céu como castigo por seu orgulho. Ezequiel 28 descreve um anjo, o rei de Tiro, que também é castigado com a expulsão por abusar de sua sabedoria. Os sábios conheciam os destinos dos monarcas, podendo prevê-los por meio das estrelas. Agora, conseguimos ver por que os sábios (os magos), em Mateus 2, falam daquele jeito. Procuravam um novo rei porque tinham visto uma nova estrela. É bem provável que fossem magos judeus!

A quarta seção em *1 Enoque*, capítulos 83-90, "Livro dos Sonhos", descreve dois sonhos visionários que Enoque retransmite a seu filho, Matusalém. O primeiro sonho discorre sobre a destruição da terra. O segundo, extensivamente narrado, descreve a história de Israel. Os eventos são expostos em detalhes crescentes à medida que o sonho se aproxima da época da Revolta dos Macabeus, em 167 a.C., sugerindo que os eventos terríveis desse período eram parte dos planos de Deus, infortúnios que causariam a vinda do reino do Messias e o grande julgamento. O Livro de Daniel, também desse período, dispõe igualmente de um relato complexo da história de Israel, culminando nos eventos ligados à Revolta dos Macabeus. Mas Enoque e Daniel diferem num detalhe importante: em Daniel, a história não termina com um grande julgamento, ao passo que o faz em Enoque, ficando bem claro em que medida o Antigo Testamento e a tradição "perdida" diferem entre si. A história em Enoque, semelhante ao texto em Daniel, é contada como fábula animal. Adão é um touro branco, os doze filhos de Jacó são ovelhas e os inimigos de Israel são águias, abutres, corvos, assim por diante. As figuras angelicais na história são descritas como "homens" ou "homens de branco", e temos pessoas notáveis que nascem como animais, tornando-se, não obstante, "homens". Decodificando, isso significa que Noé, Moisés e Elias principiaram a vida como mortais, mas alcançaram o *status* de anjos. Esse código de empregar "animais" para falar de seres humanos e de empregar "homens" para falar de anjos é importante para a compreensão de algumas partes do Novo Testamento e dos primeiros escritos cristãos. Na história de Páscoa, por exemplo, Marcos fala de um homem vestindo uma túnica branca no túmulo, mas em Mateus fala-se de um anjo. Lucas, por sua vez, fala de dois homens vestindo roupas fulgurantes, e, em João, temos dois anjos de branco. Há ainda um problema em relação ao número de figuras envolvidas, mas os homens de branco, ou homens vestidos de roupas fulgurantes, eram figuras angélicas. Os essênios viam-se como pessoas que viviam uma vida angélica e também se vestiam de branco.

Uma vez que percebamos que um homem de branco é uma figura angélica, alguém que pertence ao céu e não à terra, muitas outras referências e costumes cristãos primitivos começam a se encaixar. Descobrimos que adquirir *status* angélico, isto é, ingressar na vida eterna, é simbolizado pelo uso da vestimenta branca, pelo vestir-se de branco, por vezes pela unção com óleo, assim ligando os anjos à figura real. Os justos, os retos, diz Enoque, vestirão trajes de glória, trajes de vida (1 Enoque 62,16). Lucas 9,29 descreve como, durante a Transfiguração de Jesus, as vestes deste se tomaram de fulgurante brancura. Apocalipse 3,4-5 menciona os que não sujaram suas vestes, exatamente aqueles que conquistarão o céu e lá caminharão com vestes brancas. Apocalipse 4,4 descreve os anciãos diante do trono, vestidos de branco e portando coroas de ouro. Vestes brancas são também mencionadas em Apocalipse 6,11; 7,9; 13,14. Por vezes, a indumentária não é nada mais que figura de linguagem, como em 1 Coríntios 15,53, quando Paulo fala de vestir-se de imortalidade. Em outros lugares, esse imaginário torna-se mais explícito: "Estes são os que puseram a roupa mortal e puseram-na sobre o imortal, e confessaram o nome de Deus, agora serão coroados e receberão palmas" (2 Esdras 2,45). Frequentemente, os anjos usavam coroas; eram figuras reais.

Por vezes, a indumentária é desenvolvida nos termos de uma elaborada descrição de admissão no estado celestial, como em *Ascensão de Isaías*, um trabalho judaico-cristão do fim do século I A.D. Isaías ascende e atravessa cada um dos sete céus. Ele recebe uma túnica que o tornará semelhante aos anjos das mais altas esferas (*Ascensão de Isaías* 8,14; 9,3). Ele vê então Enoque despido de sua vestimenta carnal, em trajes celestes como os anjos (*Ascensão de Isaías* 9,9); os justos levados aos céus pelo Cristo Senhor recebem vestimenta celeste, um trono e uma coroa (*Ascensão de Isaías* 9,18). *2 Enoque* descreve como Enoque recebe, do arcanjo Miguel, roupagem gloriosa, sendo também ungido com doce óleo perfumado. Isso o transforma num anjo (*2 Enoque* 22,8-10). Um mártir do século II, São Sátiro Mártir, teve uma visão do céu. Aqueles que entravam pelos grandes muros de luz recebiam dos anjos, à medida que ingressavam no céu, trajes brancos. Desde os primeiros tempos do cristianismo, veste-se roupão branco após o batismo, como sinal de uma nova vida. Essa vestimenta era frequentemente descrita como "vestimenta resplandecente", denotando o outro mundo, brilhante e radiante, para o qual passavam os recém-batizados. Eram chamados de recém-iluminados, pois tinham visto a luz, e, de forma semelhante aos anjos de Enoque, também eram descritos como astros luminosos. O código angélico de Enoque, "o homem de branco", é chave para um bocado de simbolismo e prática da Igreja primitiva, explicando nosso costume de colocar um manto branco sobre os bebês. Também encontramos essa simbologia em hinos bem conhecidos, nos quais, muito por causa de sua própria familiaridade, deixamos de perceber o sentido íntimo das palavras. O hino de Isaac Watt para o Dia de Todos os Santos tem raízes bem antigas:

> E como brilham esses espíritos gloriosos!
> De onde vem tanto brilho reunido?
> Como vieram aos assentos jubilosos
> De dias infindáveis?

Assim como no hino de Alford:

> Dez mil vezes dez mil,
> Em vestes fulgurantes,
> Os exércitos dos Santos resgatados
> Lotam os pináculos de luz [...]

Caso percamos contato com esse nosso simbolismo, corremos o risco de nos separar de nossas raízes. Será como uma perda coletiva de memória, e não saberemos quem somos, ou por que estamos aqui. Essas ilustrações antigas transmitem um profundo *insight* teológico dos dias em que a teologia era comunicada por meio de imagens e símbolos. Fiquei triste ao ler, recentemente, um relato de como canções natalinas tradicionais vêm sendo modernizadas (*Daily Mail*, 12 de novembro de 1987). O clérigo que está modernizando as versões originais descreveu o último verso de "Once in Royal David's City", "Quando, como estrelas, com seus filhos coroados / Todos aguardam, de branco, em reverência", como "um dos versos mais imbecis já escritos, totalmente sem sentido nos dias de hoje". Esse verso passa muito longe de não ter sentido; se hoje não tem sentido para ele, o distinto clérigo deveria então se perguntar algumas questões bem sérias. Devemos nos livrar daquilo que não compreendemos? Ou devemos nos esforçar por compreender?

A história de Israel no "Livro dos Sonhos" divide-se em períodos, assim como em Daniel, e cada um desses períodos está sob a responsabilidade de um pastor, uma figura angélica. Anjos, em especial anjos de guarda, são geralmente chamados de pastores nessa tradição. Em Ezequiel 34, os guardiões de Israel são descritos como pastores, e o imaginário pastoral do Salmo 23 pode significar mais do que pensamos. O rei Davi fora um pastor, é verdade, e pode ser que tenha escolhido descrever o Senhor nos termos que lhe eram caros, mas apesar disso não podemos ignorar a outra possibilidade. O Senhor era visto como o anjo guardião de seu povo. Esse é o significado do nome "O Santo de Israel". Como anjo de guarda, ele também poderia ser chamado de pastor. Há um antigo livro cristão denominado *O Pastor de Hermas*, escrito em Roma em meados do século II, e incluído em algumas versões antigas do Novo Testamento. O livro fala das visões dadas a Hermas por um anjo-pastor, o qual é descrito exatamente como um pastor: veste-se com pele de cabra branca, porta um cajado e usa alforje de pastor. A primeira visão da mártir africana Santa Perpétua descreve um velho pastor de branco esperando-a no céu e pronto para dar-lhe as boas-vindas. Quando Jesus diz "Sou o Bom Pastor", temos de recordar o que, de fato, um pastor representava. Não se tratava somente de uma figura rústica e gentil a carregar um cordeiro nos ombros, imagem tão familiar desde a nossa tenra infância na escola dominical. O bom e o mau pastores – nos apocalipses – eram anjos. Há setenta desses anjos-pastores no "Livro dos Sonhos", e são maus pastores, que não se preocupam com seus rebanhos.

A história culmina com o julgamento dos maus pastores: os anjos caídos e suas ovelhas cegadas, o que significa todos os israelitas que vieram a ficar sob a influência de anjos caídos. No código dos apocalípticos, cegueira é sinal de cativeiro frente aos maus. Esse é o motivo pelo qual Jesus, em João 9,1-7, cura um cego de nascença. Ele quer demonstrar o poder de Deus; e também o motivo pelo qual, em Mateus 23,16, ele chama os fariseus de condutores cegos. Isso explica, igualmente, as diferentes leituras de Isaías 61,1-3. Quando Jesus faz a leitura de Isaías, na Sinagoga de Nazaré (Lucas 4,17-19), o conteúdo neotestamentário sobre o que leu não é o mesmo da versão veterotestamentária de Isaías 61,1-3, com a qual estamos familiarizados. Há várias teorias sobre como isso se deu, mas não discorreremos aqui sobre elas. O que importa é perceber que a "cegueira", linguagem do Novo Testamento, é um modo de descrever o "cativeiro", linguagem do Antigo Testamento. As duas leituras não diferem entre si em seu significado maior, caso nos coloquemos nos contextos desses textos. O "Livro dos Sonhos" e as ideias e imagens nele presentes são muito importantes. Retornaremos a esse assunto posteriormente.

A quinta seção, capítulos 91-104, é chamada de "Epístola de Enoque". Seu cerne assemelha-se aos dos profetas do Antigo Testamento: ameaças de julgamento aos pecadores e encorajamento aos fiéis. A forma é muito familiar, e imediatamente levanta-se a questão: "Se Enoque se sentia em casa em relação à profecia tradicional, sentir-se-iam igualmente em casa os profetas do Antigo Testamento no mundo de Enoque e de seus anjos, mesmo que tenham sobrado somente uns poucos sinais desse universo no Antigo Testamento?". A Epístola também nos mostra que a teologia dos escritos enóquicos desenvolveu-se ao longo dos anos. Na seção mais antiga, o "Livro dos Vigias", sabemos que a recompensa para a justiça é, por exemplo, uma velhice próspera, ao passo que a "Epístola" nos diz que a recompensa é poder viver entre as hostes celestes, de forma semelhante aos sábios, em Daniel 12,3, aos quais é prometido que venham a resplandecer como estrelas. Parece que essa crença na vida após a morte foi causa de grande fricção. Seus inimigos não acreditavam numa vida após a morte, tampouco criam num julgamento final. Pelo contrário, tomavam sua prosperidade presente como sinal do favorecimento de Deus. Isso nos sugere que os inimigos do círculo enóquico compreendiam um grupo próspero que abandonara a ideia de haver um julgamento final.

Quando adicionamos o fato de a seção mais antiga de Enoque não dispor de nenhuma crítica ao Templo, sabendo que na Epístola se confirma, não obstante, um forte anseio pela renovação desse Templo, um sinal dos últimos dias, vemos que o grupo de Enoque não se opunha ao culto no Templo enquanto tal, mas somente ao Templo de sua época e a suas práticas (isto é, ao Segundo Templo e ao que ele representava). Embora os primeiros cristãos tenham retirado outro significado do que foi dito, Jesus alegara que destruiria o Templo e o reconstruiria em três dias (João 2,19), uma previsão, em código apocalíptico, para a vinda do julgamento. A limpeza do Templo, da qual tratam todos os quatro Evangelhos, relembrando sua importância central no ministério de Jesus, também foi provavelmente vista desse modo: uma declaração de julgamento; o Senhor viera ao Templo.

Embutido na Epístola está outro relato da história de Israel, dividido em períodos chamados de semanas e conhecido, consequentemente, como "Apocalipse das Semanas". São muitos os exemplos advindos de literatura não bíblica de histórias escritas de modo altamente artificial, nas quais tudo é colocado em padrões sétuplos. Isso deve nos alertar para o seguinte dado: a ideia que tinham de narrativa histórica era bem distinta da nossa. Para eles, a história não se interrompia no presente, mas no julgamento final; os estranhos padrões numéricos que usavam permitiam que eles vissem em que ponto a época deles se inseria no esquema geral. Eles saberiam, então, quanto tempo demoraria até que o Senhor levasse os inimigos a julgamento. No "Apocalipse das Semanas", ocorre uma grande revelação da sabedoria na sétima semana, presumivelmente a época de vida do próprio autor, depois da qual, na oitava, nona e décima semanas, os justos triunfariam, o Templo seria reconstruído e os anjos seriam julgados. Também nessa história descobrimos que os três heróis são descritos como "homens", e que os que escolheram os caminhos do mal ficam cegos. Em ambos os relatos enóquicos da história de Israel, o Segundo Templo, construído depois do retorno do cativeiro na Babilônia, é descrito como impuro, e seus devotos como apóstatas.

Isso nos deve servir como um delineamento, com base no qual precisamos, agora, olhar algumas das ideias em *1 Enoque*. Ao realizar uma seleção dessas ideias, estarei, necessariamente, fazendo um julgamento sobre aquilo que considero importante, e, tendo-se em vista que há tanto por aprender a respeito desses textos antigos, as gerações futuras que venham a conhecê-los ainda melhor talvez pensem que isso seja inadequado. Mas devemos começar de algum lugar, e me prontifico a fazer o máximo esforço possível para colocar esses escritos enóquicos em seu devido contexto, mostrando como suas ideias foram absorvidas pelo pensamento cristão. Frequentemente, essas ideias se tornaram para nós nada mais que meras figuras de linguagem – os sons familiares das lições do Novo Testamento, o padrão regular dos serviços. É deveras iluminador, no entanto, descobrir o que essas palavras expressavam para os primeiros cristãos.

Capítulo III

A ORIGEM DO MAL

A compreensão que temos da natureza e a causa do mal é parte muito significativa de nossas ideias acerca da religião em seu todo. Não é possível imaginar um pregador evangélico que não mencione o pecado, tampouco é possível imaginar a Igreja Católica Romana sem a prática da confissão. Não podemos imaginar o cristianismo sem sua enorme ênfase sobre o pecado, e com isso queremos dizer o pecado relacionado a atos e atitudes individuais, quando fazemos aquilo que não deveríamos fazer e, igualmente, quando não fazemos aquilo que deveríamos fazer. Toda essa ênfase sobre o aspecto pessoal do pecado teve, como efeito deletério, certa negligência frente ao aspecto mais amplo, poderíamos dizer cósmico, de nossa fé.

Os cristãos se viram pressionados para encontrar o que dizer, algo que fosse realmente bem fundamentado, sobre a atual crise ecológica, quando esta se tornou tópico central do debate público durante a década de 1960. Realmente, não tínhamos por onde propor sugestões, uma vez que, para o bem e para o mal, nossas atitudes referentes à criação foram sempre condicionadas, tomando-se ou não o texto literalmente, pela história em Gênesis. A terra fora dada ao homem para que este a governasse e a submetesse; era sua para que fizesse com ela o que achasse apropriado fazer. Fora-lhe dito para que se multiplicasse e se contentasse com isso. A crise que se seguiu ao domínio do homem sobre a terra e o cumprimento do mandamento para que procriasse veio como um choque. A Mãe Terra estava esgotada. O Novo Testamento não nos oferece virtualmente nenhum elemento com o qual possamos contribuir com o debate de um modo caracteristicamente cristão. O ensinamento atribuído a Jesus lida com pássaros e lírios (Mateus 6,25-9) e com o valor dos pardais (Mateus 10,29-31); Paulo discorre sobre a criação numa linguagem que não compreendemos, uma vez que não temos um quadro seguro de referência frente às ideias que defende (Romanos 8,18-25; Colossenses 1,15-20).

1 Enoque nos dá uma contribuição significativa. O texto oferece outro relato sobre a origem do mal, incutindo outro mito como padrão para o nosso pensamento, estabelecendo outro quadro sobre o papel da humanidade em relação à ordem criada. Desde o início do período cristão, as ideias em *1 Enoque*, conhecidas e usadas pelos cristãos, podem preencher a óbvia lacuna neotestamentária sobre essa importante questão. Ademais, a visão de mundo em *1 Enoque* se encaixa perfeitamente no argumento paulino em Romanos 8, como pano de fundo, o que necessariamente fortalece o argumento aqui defendido de se tratar de uma longa, embora perdida, porção de material formativo para o Novo Testamento.

Também somos confrontados hoje com uma consciência crescente frente ao oculto, e este se revela perturbador para muitos cristãos, especialmente para aqueles cujas igrejas enfatizam a ação social cristã (ênfase muito importante) e que tendem a negligenciar as questões sobrenaturais, muito em razão de seu esforço para estar em sintonia com a classe pensante de nosso tempo. Subentende-se que "esse" aspecto da religião é menos palatável diante do mundo moderno, por conseguinte nossos clérigos tornaram-se assistentes sociais e nossas igrejas prosseguiram em seu esvaziamento. O interesse pelo sobrenatural vem se nutrindo, no entanto, em outras fontes: feitiçaria e magia tornaram-se *big business*, filmes sobre o oculto abundam, contando com sucesso garantido de audiência. Música popular e letras falam cada vez mais de temas ocultos. Muitas pessoas que nunca se aproximaram de uma igreja admitem ter tido experiências que tomam por religiosas, por se tratar de experiências que envolvem algo incompreensível, algo que as ultrapassa. Há também aqueles que acabam procurando auxílio nas religiões orientais; frequentemente, isso se restringe à ioga. Aulas são então ministradas em espaços urbanos e clínicas terapêuticas, embora poucos dos que são atraídos para essa prática a tomem como religiosa, ao menos até saberem que um vigário qualquer baniu as aulas de ioga das dependências de sua igreja. Com efeito, muitos dos que há pouco tempo passaram a se dedicar à meditação foram apresentados a ela por revistas como *Vogue*, e não exatamente por influência das igrejas.

Dentro das igrejas, tem ocorrido, não obstante, uma revivescência das atividades de cura e do ministério do exorcismo. Na Igreja Africana, isso gerou uma espécie de crise nas estruturas de poder estabelecidas, especialmente no Vaticano, uma vez que o dom da cura não pode ser conferido e confinado pela Igreja, não da forma com esta regula suas demais atividades. Num mundo crescentemente ameaçado por forças malignas gigantescas, nota-se também certa revivescência do êxtase religioso em determinados segmentos, num reconhecimento de elementos místicos que as religiões tradicionais tentam constranger, uma vez que não podem ser institucionalizados. Sociólogos da religião defendem, muitas vezes, que as formas extáticas de religião compreendem uma forma de escapismo, sobretudo para os que se percebem socialmente destituídos de poder. Mas isso só confirma meu argumento. Aqueles que se percebem de fato sem poder diante de grandes forças do mal tornam-se, por outro lado, mais dolorosamente cientes da necessidade do "outro" para garantir-lhes estrutura, conforto e proteção nesta vida.

Em que medida tudo isso se relaciona com o cristianismo do Novo Testamento? Esse relacionamento se dá de modo deveras próximo caso tomemos seriamente a visão de mundo implicada nos escritos enóquicos, admitindo a possibilidade de que se tratava da visão de mundo dos que escreveram o Novo Testamento, emoldurando, igualmente, toda a mensagem cristã de salvação, na forma como foi expressa de início. Tornar-se-á aparente, à medida que formos explorando o *Livro de Enoque*, que as nossas igrejas, conforme hoje estabelecidas, desviaram-se de suas raízes, e o fizeram de modo significativo; a redescoberta dessas raízes perdidas pode se tornar uma atividade inacreditavelmente dolorosa. Todavia, não podemos mais ignorá-las. Não estou sugerindo que os cristãos devam retornar à cultura e ao estilo de vida da Palestina do século I de nossa era. O que precisamos fazer é outra coisa: olharmos para os *insights* presentes nos estranhos escritos enóquicos indagando se têm alguma relevância diante das questões levantadas pelas situações bem distintas de nosso tempo.

Fica claro para qualquer pessoa minimamente pensante e reflexiva que há muito mais conteúdos sobre a questão do mal que as meras transgressões humanas. São muitas as coisas más e as injustiças que não derivam de atos humanos. Há dimensões do mal tão abrangentes que só podemos chamá-las de cósmicas. Deus criou o mal? Ou será que Deus não é todo-poderoso?

Houve outra fonte de poder que formou a ordem criada? A ideia de que o mal que está presente na criação foi obra de um Deus menor e hostil é base de uma das primeiras heresias cristãs. No século II A.D., Marcião ensinava isso, e seu ensinamento foi rejeitado por aquilo que acabou se tornando cristianismo convencional, embora ele tivesse muitos seguidores, os quais, por séculos, preservaram seu pensamento. A questão foi varrida para debaixo do tapete, mas não desapareceu. Mesmo hoje, as igrejas se fixam nos erros e fracassos humanos, e o mal cósmico continua a ser assunto indigesto, raramente abordado. Falamos menos a respeito desse tipo de mal porque é considerada uma superstição ultrapassada a ideia de que existam forças trevosas atuantes na criação. Mas, caso decidamos falar sobre esse assunto, torna-se então um pecado humano não fazer nada a respeito, a saber, não se engajar numa luta contra esse tipo de mal, ainda que "esse mal" permaneça deveras vago. Continuamos a evitar a questão do motivo pelo qual se faz presente, em primeira instância.

Teólogos construíram estruturas elaboradas sobre o assunto ao longo dos séculos, mas o problema ainda permanece: se acreditamos que Deus é absolutamente bom e poderoso, que há somente um único Deus, por que e como, então, originou-se o mal? Somos levados de volta à história de Adão e Eva, ao pecado humano (o qual é frequentemente caracterizado como pecado das mulheres) como causa primeira de nossas misérias e necessidade de redenção. Talvez isso se dê porque a história, conforme relatada em Gênesis, seja a única da qual dispomos. Embora Jesus nunca mencione a história, Paulo lhe concede uma referência, além de sabermos que as pessoas dessa época compreendiam-na, a história de Adão e Eva, de um modo muitíssimo distinto. O Livro do Apocalipse, no qual se descreve o término do mal, baseia-se claramente em algo bem diferente da história do pecado de Adão e Eva. Apesar de tudo isso, essa narrativa tem dominado ideias que pensamos ser cristãs.

As palavras introdutórias do antigo serviço batismal enfatizavam: "Dado que todos os homens são concebidos e nascidos no pecado [...]". Com que frequência também ouvimos uma pessoa exclamar, num momento de desespero ou fúria: "O que fiz para merecer isso?". Quantas pessoas que desmoronam e que precisam de ajuda especializada são vítimas de seu próprio sistema religioso, destruídas por sentimentos de culpa, inadequação e dependência, os quais foram implantados pela própria educação religiosa? No caso das mulheres, isso se faz dolorosamente verdadeiro na medida em que seu *status* na sociedade foi determinado, há muito tempo, pela "visão cristã" de seu papel apropriado. Caso sejamos honestos, essas pessoas são com mais frequência vítimas necessitadas de proteção que exatamente perversos necessitados de arrependimento. A visão bíblica de remédio para o "pecado" parece conectar-se mais à cura de uma ferida que à punição de um erro. Aquilo que foi quebrado tem de ser restaurado, e não estilhaçado ainda mais.

Há bons motivos para acreditarmos que o pecado e o mal eram explicados de um modo bem diferente à época de Jesus. Certamente as pessoas não tinham as mesmas aflições de hoje, mas sobre a questão fundamental do mal cósmico todos se faziam conscientes. Essas pessoas destacavam a atuação dos anjos trevosos e as forças de Satanás. Concebiam uma vasta conspiração do mal, ativamente engajada em sua luta contra a humanidade, trabalhando de maneira árdua para corromper e destruir a criação. As pessoas precisavam se proteger desse massacre, esperando superar seus efeitos. Não se deixavam embotar por nossas atitudes sofisticadas, as quais entraram em acordo tácito com as forças do mal, afirmando que não existem ou colocando-as como forma de entretenimento da madrugada. Nossos ancestrais cristãos, à época de Jesus, teriam reconhecido prontamente essa manobra. O demônio, sabiam, valia-se da mente humana, lugar onde o homem era mais orgulhoso e, portanto, mais vulnerável. Convencer um homem pensante de que as forças do mal não existiam era de fato considerado um triunfo (do mal).

Para reconstruir essa outra visão de mundo, principiemos pelo último livro do Novo Testamento, que também se apresenta como último capítulo da visão de mundo do cristianismo primitivo. O Apocalipse descreve o conflito entre os fiéis e Satanás; descreve também o conflito com outras potestades trevosas, marcando a recompensa dos que resistem na retidão e lutam ao lado das forças do bem (é isso que subjaz a Apocalipse 14,4. A virtude do celibato estava no fato de viver como um anjo do bem. Os anjos maus haviam caído por conta da luxúria). Besta e dragão são destruídos, Satanás é amarrado num grande fosso, e, finalmente, vemos surgir um novo céu e uma nova terra. Trata-se do mesmíssimo padrão encontrado em Enoque, em que os justos oprimidos são resgatados pelos arcanjos, finalmente libertos da influência e dos poderes nefastos de anjos caídos. Asael é aprisionado num fosso no deserto, a terra volta a gerar fertilidade e prosperidade, a paz se restabelece. O quadro tem somente tênues ligações com a história de Adão e Eva, em que uma criatura maligna provoca o descaminho da humanidade, incutindo o desejo pelo conhecimento divino que lhe fora proibido. Como resultado dessa desobediência, a terra se torna repleta de pó e espinhos. O Livro do Apocalipse parece ser o último capítulo da história enóquica sobre o mal, e não exatamente uma narrativa derivada de Gênesis.

Quando olhamos para o Antigo Testamento, descobrimos que simplesmente Adão e Eva não são mencionados em nenhum outro lugar, exceto em Gênesis 2-3. Agora, se a história de Adão e Eva fosse a explicação para o pecado, seria de esperar ao menos alguma referência a ela. A explicação mais provável é a de que essa narrativa foi adicionada ao Antigo Testamento num estágio posterior, durante o processo de compilação deste, funcionando como espécie de prefácio da obra, a qual, em muitas passagens, apresenta uma visão bem diferente acerca da natureza do pecado e do mal. A história de Adão e Eva, em Gênesis, diz que a desobediência humana é a causa do mal; ali também depreendemos a ideia, posterior, de termos herdado o pecado de Adão, embora essa não seja uma ideia bíblica. Quando a história de Adão e Eva foi usada por autores judeus posteriores, servia de parábola a fim de descrever a experiência individual de todo ser humano, quando este se separara de Deus por meio de uma desobediência consciente. Não se descrevia a queda da raça humana e o horror herdado do pecado original.

No Novo Testamento, encontramos, lado a lado, duas visões sobre o mal. Jesus não apenas perdoa os pecados dos desobedientes à Lei; ele também entra em conflito contra os poderes das trevas e cura as pessoas. Quando se leem apenas os três primeiros capítulos do Evangelho de Marcos, nota-se a emergência de um nítido relacionamento entre esses dois aspectos: o exorcismo em Cafarnaum (1,23-26); a cura da sogra de Simão (1,30-31); a reunião e cura de doentes e endemoninhados (1,32-34); a purificação do leproso (1,40-42); a cura do paralítico, cujos pecados foram perdoados (2,3-12); a cura do homem com a mão atrofiada (3,1-5); os escribas de Jerusalém acusando Jesus de ser um agente de Satanás (3,22-30). O conflito com o mal era parte vital do processo de cura, fossem esses males advindos de fracasso pessoal ou de influência demoníaca. Havia uma tendência, até recentemente em voga, de negligenciar a centralidade da cura no ministério, pois vemo-la, hoje, administrada pela medicina ocidental convencional; portanto, medicina e religião foram apartadas para seu empobrecimento mútuo. Exorcismos e curas de possessão demoníaca foram ainda mais abafados, apesar da instrução central de Jesus aos apóstolos: ide expulsar demônios e ensinar. Talvez a recuperação de uma visão de mundo mais antiga e integrada ao contexto de Jesus nos ajude a resgatar parte desse *insight* original, aproximando-nos do impacto gerado pelos ensinamentos de Jesus, o que pode nos levar a apreciar o que temos condições de aprender de novo com os cristãos do Terceiro Mundo, os quais podem se relacionar mais diretamente com esse formato de ministério. Vemos os princípios de reintegração na nova atitude de tratar a pessoa como um todo, não apenas a manifestação física de uma doença – sinal auspicioso de que estamos recuperando a consciência sobre o mundo invisível.

Enoque esclarece, em detalhes, outro quadro do mal original (não estou dizendo "outro relato", uma vez que temos várias versões). Enoque descreve a queda dos anjos. Houve uma grande divergência nos céus, e aquilo que fora criado bom acabou por se distorcer e corromper, muito por conta do orgulho e do egoísmo. Como disse no capítulo anterior, há pelo menos duas vertentes interligadas em Enoque; há também uma terceira, que podemos ler nas entrelinhas do Antigo Testamento. Enoque descreve como Asael, um anjo poderoso que conhecia os segredos da criação, veio à terra e ensinou à humanidade alguns deles. Esse conhecimento celestial deu aos homens poderes divinos, e assim eles corromperam a terra. Aprenderam como extrair metal das rochas, usando-o na construção de armamentos e ornamentos de sedução. (Uma versão posterior dessa história diz que foram as mulheres, então lindamente adornadas, que seduziram muito mais anjos para a terra.) Enoque também descreve como duzentos anjos, liderados por Semihazá, contemplaram do céu as belas filhas de homens que moravam na terra. Eles as cobiçaram e desceram à terra para estuprá-las e gerar crianças híbridas, que se tornaram monstros e demônios. Em escritos posteriores "de sabedoria", vemos que o conhecimento/sabedoria era considerado aspecto do lado feminino ou criativo de Deus. Provérbios 8 mostra um exemplo dessa ideia; também clara, embora menos conhecida, é a Sabedoria de Salomão 7,21-22; 25.

> Tudo sei, oculto ou manifesto,
> Pois a Sabedoria, artífice do mundo, me ensinou!
> Nela há um espírito inteligente, santo,
>
> Ela é um eflúvio do poder de Deus,
> Uma emanação puríssima da Glória do Onipotente,
> Pois um reflexo da luz eterna.

Aqui, em *1 Enoque*, encontramos a expressão mitológica muito mais antiga da mesma ideia. Seres celestiais revoltam-se contra a ordem divina, tomando a sabedoria divina para fins próprios, o que resulta no abuso contra as mulheres e na corrupção da criação. Apesar de sua expressão bizarra, o *insight* é profundo. A cupidez por poder se manifesta em abuso contra a sabedoria, o aspecto criativo e feminino de Deus, e isso se reproduz na terra em sua exata ressonância: abuso de mulheres e corrupção da criação. Em hebraico, o verbo "conhecer" abrange tanto o conhecimento quanto a atividade sexual (o último sendo usado, por exemplo, em Gênesis 4,1: "Adão conheceu Eva, sua mulher, ela concebeu [...]"). Tratava-se de uma associação com raízes profundas. Com efeito, os dois eram aspectos alternados de uma corrupção: aqueles que aspiravam a divindade tinham de ter controle dos processos criativos (esse padrão é notavelmente relevante frente a alguns problemas não reconhecidos do sacerdócio atual. Aqueles sacerdotes que veem seu papel como a representação e o representante visível de Cristo, defendendo que isso deve excluir as mulheres do sacerdócio, estão, na verdade, tomando para si o papel de deuses. Essa visão "alta" do sacerdócio também os envolve num papel criativo que é essencialmente feminino em seu imaginário. Só eles podem violar o corpo que dá a vida, só eles podem alimentar os fiéis, mesmo que os papéis de dar à luz e nutrir sejam essencialmente femininos. Sem o monopólio do papel criativo e, consequentemente, feminino, não lhes restaria mais poder. Agora, como outrora, trata-se de uma corrupção). No mito de Enoque, um grupo escolheu destruir a criação ao assumir o papel de deuses. As almas daqueles que foram destruídos por conta da incursão do mal se rebelam, levando suas súplicas até os portões celestes, quando Deus ordena então aos arcanjos que entrassem no conflito em nome dos oprimidos, aprisionando os anjos perversos e se preparando para o grande julgamento.

Os anjos de Semihazá não apenas geraram rebentos híbridos, meio humanos, mas lhes ensinaram os segredos do céu, fazendo com que adquirissem poder para oprimir os seres humanos. Há várias versões sobre a natureza desses segredos, mostrando-nos quais eram os setores da vida em que as pessoas mais se sentiam ameaçadas pelo mal. Uma versão nos fala de metalurgia e fabricação de armamentos, medicina e encantamentos (naquela época bem semelhantes), astrologia e o conhecimento dos sinais que permitiam a leitura do futuro. Falam, igualmente, de armas, medicina, escrita, demônios e abortos. Uma terceira aproximação fala de feitiçaria, bruxaria, metalurgia e produção de imagens. Um dos livros não bíblicos, escrito em meados do século II a.C., *Jubileus*, descreve como Noé aprendeu medicina dos bons anjos, os quais lhe ensinaram essa arte para que pudesse contrapor-se aos efeitos lançados por anjos perversos. Isso nos revela que o conhecimento trazido pelos seres caídos não era tido como ruim em si mesmo, mas tornava-se nefasto a depender do usuário, quando utilizado sem considerar as Leis de Deus. A medicina podia ser empregada para o bem ou para o mal. Metalurgia, escrita, exorcismo e até a leitura do futuro tornavam-se do mesmo modo malignos, uma vez colocados em mãos erradas, pois eram elementos-chave no acúmulo de grandes poderes.

Há também uma terceira versão desse mito envolvendo anjos, em que se descreve o pecado do orgulho. Qualquer anjo que ignorasse seu verdadeiro lugar na ordem da criação e tentasse se colocar à mesma altura de Deus, posicionando-se como um deus, seria expulso do céu. Esse orgulho fatal foi descrito de diferentes modos: o anjo soberbo arriscava escalar muito alto uma das montanhas de Deus, a fim de se colocar sobre o grande trono; ou poderia mesmo tentar usurpá-lo valendo-se de conhecimentos ocultos, usando-o para enaltecer a si próprio. Assim, em Isaías 41, encontramos o orgulhoso rei/astro da Babilônia, o qual eleva seu trono acima do trono de Deus; igualmente, Ezequiel 28 descreve o anjo/rei de Tiro, que abusou de seus conhecimentos: "Em virtude de teu comércio intenso te encheste de violência e caíste no pecado" (Ezequiel 28,16).

Os primeiros cristãos não foram os precursores da aplicação desses mitos em situação nova e específica. Não se tratava de contos antigos que, subitamente, tinham assumido um significado renovado. Temos de ler essas histórias sobre os anjos como a fonte de uma tradição teológica viva, a própria moldura dentro da qual a vida podia ser interpretada. Tomando como exemplo os escritos enóquicos, temos evidência de que eram usados como base para comentários sobre assuntos correntes. Os anjos lascivos que tomaram esposas terrenas, por exemplo, foram usados, assim se pensa, como padrão de julgamento durante a condenação do sacerdócio corrompido do século II a.C. Estabelecera-se no imaginário uma relação orgânica entre sacerdotes e anjos, de modo que esse tipo de aplicação, a utilização de uma mitologia angélica, era algo bastante natural. Eles acreditavam que o Templo representasse o céu na terra, sendo que os sacerdotes seriam os encarregados de ministrar os rituais celestes no templo terrestre. A contrapartida do templo terrestre era a própria realidade celestial, também um grande templo, onde eram os anjos os ministros diante do trono de Deus. Um dos textos mais belos encontrados em Qumran é um hinário em que se descreve vivamente como os anjos ministravam no templo celeste, vestidos com trajes sacerdotais, e como eram espelhados em cada detalhe no culto conforme praticado em Jerusalém (*The Songs of the Sabbath Sacrifice 4Q* ShirShabb – é esse quadro de dois templos que está por trás dos complicados paralelismos em Hebreus 9).

Outros viam na história dos anjos caídos os embates políticos de seu tempo, sobretudo as lutas intestinas entre os herdeiros de Alexandre, o Grande. Os ptolomeus do Egito e os selêucidas da Síria disputaram a posse da Palestina ao longo do século III a.C., e os anjos perversos que causavam o derramamento de sangue eram vistos atuando sobre os líderes políticos do dia. Vemos exatamente esse quadro em Daniel, em que príncipes angélicos lutam a contrapartida celeste das lutas terrestres contemporâneas (Daniel 10,12-14); a ameaça dirigida contra o Monte do Templo em Jerusalém, vinda do enlouquecido rei selêucida, Antíoco Epifânio, é vista como ameaça efetivada por uma figura celeste soberba, que tenta escalar a montanha de Deus, entrando de assalto em seu santuário (Daniel 8,10-12). Uma história semelhante foi contada a respeito do general assírio, sedento de poder, que ameaçara Jerusalém na época do rei Ezequias (Isaías 37). Isaías foi capaz de assegurar ao seu rei que, uma vez que chegassem soberbos para assaltar o Santo de Israel, os assírios e seu chefes estariam condenados (Isaías 37,22-29). Essa forma de interpretar a história, sob a perspectiva de forças angélicas, estava profundamente enraizada nas tradições israelitas, ainda que nos pareça estranho, tendo em vista que fomos condicionados a ler essas histórias segundo nossas referências. Sua própria familiaridade conosco nos tem impedido de compreendê-las acuradamente.

Outros trechos dos escritos enóquicos se valem de outras partes dessa mitologia. As duas versões da história de Israel tanto no "Livro dos Sonhos" como na "Epístola" atribuem papel proeminente aos anjos, e o abandono da sabedoria parece ser a principal causa do desastre. O relato no Antigo Testamento é diferente: o desastre para a queda de Jerusalém fora causado pelo abandono da Lei de Moisés, não pelo abandono da sabedoria. Aqui, vemos, claramente, as duas tradições em paralelo: a lei, que se tornou a tradição veterotestamentária, conforme a conhecemos; e a sabedoria, que sobreviveu fora do Antigo Testamento, penetrando, posteriormente, no cristianismo. A vida em seu todo era governada pelos poderes angélicos, incluindo os detalhes mais mundanos. "Similitudes" nos fala de um governante maligno (seria Herodes?), o qual construíra para si uma residência na orla do Mar Morto, a fim de aproveitar as termas naturais da região. A paisagem estranha desse lugar confere à narrativa motivos de associações com o cenário do julgamento final, e o autor comenta em tom sardônico que esse rei maligno estaria muito em breve esquentando sua água do banho junto com outros anjos a queimar abaixo do vale!

Foi num mundo povoado por essas facções de anjos que o cristianismo estabeleceu suas raízes. Os próprios nomes que os cristãos davam a si mesmos mostram quanto se identificavam com o mundo angélico. Chamavam-se "filhos de Deus" (Romanos 8,14, cf. Gênesis 6,1-2, em que os filhos de Deus são os anjos que se casam com as filhas dos homens) e se autodenominavam "santos" (Efésios 1,1; Filipenses 1,1; Colossenses 1,2, etc.), um nome que significa "membros da hoste celeste". Em Hebreus 12,22, há a descrição de cristãos em reunião angélica na Jerusalém Celeste. No coração da eucaristia, ainda dizemos:

> Portanto, com anjos e arcanjos,
> Milhões de anjos reunidos no céu,
> Louvando a Ti e dizendo:
> Santo, Santo, Santo é o Senhor das hostes,
> O céu e a terra estão repletos de Tua glória:
> Glória a Ti, Ó Deus Altíssimo.

Isso foi retirado do cântico dos anjos em Isaías (Isaías 6,3), também presente em Enoque (*1 Enoque* 39,12).

Encontramos alusões a essa mitologia perdida em todo o Novo Testamento; algumas são muito claras e outras parecem-nos, hoje, bem triviais. O mandamento em 1 Coríntios 11,10 segundo o qual as mulheres devem usar chapéu na igreja baseia-se num temor dos anjos. Por quê? Quando os filhos de Deus olharam para baixo do céu e viram as filhas dos homens, eles teriam avistado seus belos cabelos. A fim de evitar desastres futuros, as mulheres tinham de ocultá-los! (Notem o característico posicionamento de Paulo: a existência mesma da beleza feminina é um convite ao desastre, e a mulher tem de fazer alguma coisa a respeito disso. Vemos uma atitude semelhante nos julgamentos modernos de estupro, nos quais, por vezes, é sugerido que as mulheres que não observam o toque de recolher merecem o que lhes acontece. Desgraçadamente, isso se tornou uma atitude vista como tradicionalmente cristã.)

Os anjos também iluminam as histórias de natividade, como seria de esperar, uma vez que nelas se fazem presentes. Numa versão rescrita do Livro de Gênesis, encontrada em Qumran (o *Gênesis Apócrifo*), conta-se a história do nascimento de Noé. Ele foi uma criança notável e de tal modo distinto de seu pai que sua mãe suspeitou tê-lo concebido de um anjo. Ela teve de garantir a sua família que Noé era uma criança normal. É muito comum ouvir que as pessoas, à época de Jesus, teriam considerado escandalosa a ideia de uma criança divina, um *nonsense* pagão absolutamente dissociado da crença estritamente judaica num único Deus. Todavia, em Qumran, numa comunidade notadamente piedosa e conservadora, cujos membros haviam rejeitado o ambiente mundano do Templo de Jerusalém, deparamo-nos com a história de uma criança angélica, o que nos obriga a recordar a história da Anunciação e a promessa feita a Maria de que seu filho era filho do Altíssimo.

Essa crença em crianças angélicas e demoníacas perpassa o Novo Testamento. Os demônios que Jesus expulsa são os curiosos rebentos das hostes angélicas de Semihazá, os quais, prontamente, reconhecem-no em sua identidade celeste como Filho do Altíssimo, aquele que os derrotará. O conhecimento corruptor de Asael é o que está por trás de Romanos 8, em que Paulo descreve uma criação cativa da decadência, que espera ser liberta com a vinda dos filhos de Deus. Os cristãos eram a nova geração dos filhos de Deus, trabalhando com Deus para renovar e restaurar a criação, assim revertendo o processo principiado pelos anjos caídos. Dessa forma seria alcançado o estado de júbilo descrito bem no início da teologia enóquica, um mundo de fertilidade, prosperidade e paz. Os anjos que pecavam no orgulho, colocando-se como deuses, são a chave para compreender Filipenses 2,5-11, em que Jesus é contrastado com aqueles que queriam condições de igualdade com Deus. Ele foi exaltado por causa de sua humildade. Nunca tentou igualar-se a Deus em benefício próprio, mas esvaziou-se a si mesmo, assumindo a condição de servo.

O conflito com o mal não se restringia ao exorcismo, mas se estendia sobretudo à cura. Tendemos a pensar nessas duas coisas de modo separado, mas, na época do Novo Testamento, elas compreendiam aspectos de um único processo de cura. Havia, por exemplo, uma relação entre os termos cego, coxo, surdo e mudo e os nomes das várias categorias de anjos perversos. Não sabemos exatamente como funcionava essa relação, mas em cada caso o nome hebraico para o anjo assemelha-se ao da aflição. Com efeito, "Vigia", em hebraico, é o nome de uma categoria de anjo trevoso, mas é também, muito provavelmente, o termo para cego. Sabemos, por meio do "Livro dos Sonhos", que as pessoas sob a influência dos Vigias – sob o poder desses anjos malignos – tornavam-se cegas. Ao curar a cegueira de alguém, Jesus sinalizava que aquele poder fora quebrado. Outros nomes angélicos correspondiam a coxo, surdo e mudo. Quando consideramos a quantidade de milagres realizados por Jesus que se associam a essas aflições, percebemos que havia mais em jogo na luta contra o mal que mero e direto exorcismo. O mal se revelava na deficiência física.

O Novo Testamento nos é tão familiar que facilmente ignoramos essa dimensão angélica que perpassa todo o seu conteúdo. Consideremos os elementos angélicos no Evangelho de Mateus, por exemplo. Temos os magos e uma estrela, José é alertado em sonho por anjos, o conflito com Satanás na história da tentação, curas e exorcismos por todo o Evangelho, o mandamento para amar os inimigos e se fazer filhos e filhas do Pai (como são os anjos), Cafarnaum levada até o Hades no dia do julgamento (de forma semelhante às cidades caídas cujos anjos guardiões haviam sido expulsos), os segredos do Reino do Céu, os anjos que farão a colheita do julgamento final, os justos resplandecendo como o sol (exaltados ao céu e transformados ou transfigurados), guias cegos, o poder para amarrar e afrouxar no céu e na terra (ver capítulo 6), pequeninos com anjos de guarda no céu, a purificação do Templo (a contrapartida terrestre do céu e a cena do julgamento), a questão do divórcio com a resposta de que anjos não se casam, as previsões apocalípticas acerca do destino de Jerusalém e a vinda do Filho do Homem, o anjo guardando o túmulo na manhã de Páscoa. Os anjos estão por toda parte, ou ideias que sabemos que lhes são associadas. Não há como ler esse Evangelho sem levar em conta seu contexto angélico.

O ponto de contato mais vívido com a tradição enóquica ocorre na parábola, em Mateus 25, em que as ovelhas e os bodes são reunidos diante do trono e aguardam sentença. Os perversos, o demônio e seus anjos, são lançados no fogo que lhes foi preparado (Mateus 25, 41). Em *1 Enoque* 90,20-27 também lemos que há um julgamento diante do grande trono. Os que aguardam o julgamento são descritos como ovelhas (todos os seres humanos são descritos, nessa seção, como animais), sendo condenados ao abismo de fogo, então reunidos aos setenta pastores angélicos do mal.

Em outras passagens, nossa ênfase habitual, condicionada num grande sacrifício por nossos pecados, tem-nos levado a ignorar o quadro, igualmente importante, de um sacrifício para nos proteger do mal ameaçador. Um sacrifício pelos pecados pessoais pertence ao mundo da Lei e da responsabilidade pessoal por nossas ações, ao passo que um sacrifício garantidor de proteção pertence a outra esfera: a do mal ameaçador. Os primeiros cristãos eram muito cientes a respeito do mal que os cercava. Em 1 Coríntios 5,7, encontramos um hino cristão primitivo que descreve o Cristo como o cordeiro da Páscoa que foi sacrificado. O Quarto Evangelho evoca a mesma situação; Jesus foi morto na época em que os cordeiros pascais eram chacinados (João 19,14-31). Agora, o sacrifício pascal simbolizava muitas coisas: libertação da escravidão, ou o princípio de uma nova vida "como o povo de Deus"; mas, como originalmente descrito em Êxodo 12, o sangue do cordeiro pascal protegia as pessoas do anjo da morte. Os primeiros cristãos viram a morte de Jesus como proteção definitiva contra os sempre ameaçadores poderes das trevas, cujo triunfo derradeiro era a corrupção e a morte. Assim, Colossenses 2,15 diz que na cruz Cristo despojou os principados e as autoridades, os poderes ameaçadores do universo; ele venceu a morte. Todo esse capítulo, em Colossenses, lida com o culto a esses anjos, e à ameaça que isso representava ao cristianismo.

O argumento quase incompreensível, em Hebreus 1, também se baseia no entendimento de Cristo ser maior que as hostes trevosas, embora não mais possamos saber exatamente o que essas crenças e argumentos compreendiam. 1 Pedro 3,22 diz que os poderes do céu tinham sido submetidos a Jesus, exatamente como em Filipenses 2,5-11. 1 João 3,8 diz que o Filho de Deus veio destruir o trabalho do demônio.

O julgamento angélico era esperado num futuro próximo. Os escritos de Qumran são repletos de referências sobre o grande embate que precederia o Fim desta Era e o estabelecimento do governo de Deus na terra; essa comunidade vivia num estado de pureza ritual, esperando a convocação para o grande combate. Eventos da época eram interpretados como preliminares. Eles descreviam a si mesmos como filhos da luz em oposição aos filhos da escuridão, sendo que em um de seus textos, o *Pergaminho de Guerra*, revela-se o modo literal pelo qual acreditavam que as forças do mal estivessem envolvidas na política da época. Assim que a batalha tivesse início, seria, de fato, uma luta desesperada pela terra; esperava-se, não obstante, que esquadrões de anjos engrossassem as fileiras do exército dos filhos da luz; provisões foram feitas com esse objetivo. A batalha contra as forças das trevas envolvia-os com os embates políticos da época. A crença dos primeiros cristãos era a de que o julgamento ocorreria dentro do período de vida dessa primeira geração, mas, à medida que o tempo passava, a crença foi se modificando. 2 Tessalonicenses 7 nos mostra essa expectativa mais antiga, com a predição de que Jesus viria do céu acompanhado dos anjos de seu poder, semelhantes a uma chama ardente. 2 Tessalonicenses 2,4 descreve um adversário soberbo que se exalta acima de Deus, uma referência ao mito angélico. 2 Pedro 2 está repleto desse imaginário de anjos, como também estão Judas e Apocalipse.

Mas como essa batalha contra o mal, em todas as suas formas, conecta-se com o papel do Messias? Do mesmo modo que ocorre com tantos outros termos familiares do Novo Testamento, tendemos a atribuir ao termo "Messias" os nossos próprios sentidos, esquecendo-nos geralmente de que Jesus foi chamado de Messias porque as pessoas da sua época sabiam com exatidão o que queriam dizer com o termo. O ensinamento cristão modificou a visão tradicional, mas se tratou apenas de uma modificação, e não de uma partida completamente nova. Messias e seu equivalente em grego, Cristo, significa "ungido". Na época de Jesus, as expectativas das pessoas a respeito da vinda do Messias eram concebidas com base na memória sobre os antigos reis de Jerusalém, se bem que particularmente elaboradas e reforçadas por séculos de nacionalismo frustrado e fervor profético. Esses antigos reis de Israel eram bem distintos, em identidade monárquica, da ideia que hoje temos de realeza, e o Antigo Testamento, de fato, obscureceu muitos aspectos da antiga monarquia. Os textos mais influenciados pelos deuteronomistas (aqueles que compilaram o Deuteronômio e muitos outros livros do Antigo Testamento) oferecem um quadro marcadamente negativo dos reis, mas em textos mais antigos podemos ainda vislumbrar que o rei era visto como uma figura semidivina, comportando títulos como "Filho de Deus" e "Servo de Deus". O rei era encarado como o grande mediador entre seu povo e Deus, atuando como servo e porta-voz de Deus. Muitos salmos nos mostram essa função exaltada (p. ex., Salmos 2 e 110). Outros, como o Salmo 72, mostram como o bom rei era fonte não somente de justiça, mas de fertilidade e prosperidade. O Salmo 89 retrata o rei na terra refletindo o poder e o papel de Deus no céu. Da mesma forma que Deus governava os poderes dos céus, e comandava as águas do mar, seu agente terrestre governava os poderes da terra e comandava os mares (cf. Marcos 4,41: "Quem é este a quem até o vento e o mar obedecem?").

De modo surpreendente, o Antigo Testamento nos fala muito pouco sobre os antigos reis, e nada acerca de suas leis, mas temos outra fonte de informação no historiador Josefo, que foi um contemporâneo mais novo de Jesus. Ele escreveu uma história do povo judeu que, embora baseada no Antigo Testamento, foi suplementada com boa dose de outros materiais. Alguns desses podem ter, talvez, um valor questionável, mas Josefo nos dá informações realmente importantes a respeito dos reis. Se sua história é ou não estritamente acurada, importa menos, uma vez que nos mostra o que as pessoas, à época de Jesus, pensavam como teriam sido seus reis de antanho, e, presumivelmente, o que esperavam de um rei e, sobretudo, de um Messias. Salomão, afirma-nos Josefo, fora um taumaturgo e um exorcista que passara seus conhecimentos e habilidades a seus sucessores (*Antiguidades* 8,45). Salomão era filho de Davi; há os que defendem que "Filho de Davi" seria na realidade um título que, posteriormente, era conferido àqueles que tinham dons de cura. Com efeito, o poder de Salomão sobre os demônios tornou-se lendário. Textos mágicos foram publicados em seu nome, e, mesmo muito mais tarde, como em *As Mil e uma Noites*, temos o conto do "Pobre Pescador" que encontra um vaso/lâmpada de cobre selado com a insígnia de Salomão. Quando ele o destampa, do vaso surge um gênio poderoso, que lhe diz que fora aprisionado por Salomão ao ter se recusado a reconhecer sua autoridade. O gênio fora confinado num vaso, fechado com um grande selo de chumbo, onde estava inscrito o nome sagrado de Deus. Os reis de Israel eram lembrados como filhos de Deus, exorcistas e curadores, de fato, compunham a linha de frente de batalha contra os anjos caídos, os quais ameaçavam o povo de Deus. É esse aspecto de esperança messiânica que encontramos em Lucas 11,20: "Contudo, se é pelo dedo de Deus que expulso os demônios, então o Reino de Deus já chegou a vós". A presença do anjo de Deus era prova de que o reino (isto é, o poder) de Deus se fazia presente. Durante os três primeiros séculos da era cristã, muitos cristãos tinham Jesus como figura angélica, liderando a grande batalha contra as trevas. O *Pastor de Hermas* descreve Jesus como um anjo santo e venerável. Os ebionitas, um dos grupos que compunham o cristianismo judaico, diziam que o Cristo fora criado como os arcanjos, só que, no caso, de modo ainda maior.

O mal engastado nos anjos caídos tomava muitas formas: possessões demoníacas e doenças eram somente dois aspectos, entre muitos, do trabalho dos descendentes híbridos desses demônios. A ação do Messias e de seus sucessores com os novos filhos de Deus era a de curar e exorcizar. Essa luta contra os demônios transformar-se-ia na base da posterior vida monástica, especialmente no Egito, onde o ascetismo mais extremo era visto como a melhor arma de combate nas batalhas angélicas. Mas o maior empenho do mal visava à corrupção da sabedoria; é aqui que essa mitologia bizarra começa a revelar sua relevância palpável. A sabedoria, em si mesma, era neutra, mas os que a possuíssem adquiriam poderes divinos, sendo necessário, acima de tudo, que os sábios temessem a Deus e obedecessem Suas Leis. São muitas as controvérsias acerca da sabedoria no Antigo Testamento. É certo que os anjos eram sábios, que Adão e Eva foram tentados pela serpente, a qual lhes prometera *status* divino (ou mesmo serem como Deus), caso ganhassem conhecimento. É certo que o rei angélico de Tiro abusou de sua sabedoria (Ezequiel 28) e foi afastado da presença de Deus. Todos esses exemplos mostram os efeitos da sabedoria, de sua posse, mas exatamente de que tipo fica mais difícil precisar. Infelizmente, o Antigo Testamento não responde a todas as questões que gostaríamos de colocar, e nos vemos na condição de fazer o melhor com o que temos. A definição clássica de sabedoria encontra-se nos versos de abertura em Provérbios, mas mesmo lá não há como sabermos quais eram os ensinamentos e habilidades específicos que realmente lhe competiam. Jó 28 nos leva mais longe. Ao descrever as coisas que não compreendem a verdadeira sabedoria (que para o poeta implica o temor ao Senhor), ficamos então com algumas pistas sobre o que terceiros pensavam que fosse. Compreendia habilidades de mineração e engenharia, talvez também habilidades comerciais. A sabedoria do rei de Tiro era certamente expressa como habilidade comercial, da qual ele abusou. A sabedoria dos anjos trevosos, conforme presente no relato de Enoque, compreendia saberes associados a medicina, metalurgia, manufatura de armas, escrita, feitiçaria e ao que poderíamos chamar de manipulação ou programação mental.

Os anjos caídos podiam se manifestar em seus agentes terrestres, os cegos, ou em líderes políticos, como no caso dos "anjos das nações". Tinham poder porque eram sábios. Os sábios aos quais estava aberto o acesso aos conhecimentos celestes tornavam-se, via de regra, conselheiros reais. Interpretavam sonhos e prediziam o futuro. Em outras palavras, moldavam as ideias e trabalhavam com o conhecimento. Tudo isso, diz-nos a teologia enóquica, foi corrompido quando os anjos malignos escolheram corromper deliberadamente a ordem criada, colocando-se como deuses. Não por acaso, o comentário veterotestamentário mais frequente sobre a sabedoria afirma que o temor do Senhor representa seu início. Esperava-se que o Messias lutasse contra esses males ameaçadores, protegendo seu povo. Mas, se os cristãos também são chamados a se tornarem filhos de Deus, podemos ver a lógica do argumento de Paulo em Romanos 8. Toda a criação corrompida e sofredora esperava pelos novos filhos e filhas de Deus, para que estes a liberassem da escravidão imposta pelo mal, não apenas no nível físico, mas no de todos os abusos cometidos.

O aspecto cósmico da batalha implica olhar para novas manifestações de sabedoria e conhecimento (e estas são surpreendentemente semelhantes às de Enoque), guardando-as contra a corrupção dos sábios que se pensam deuses. Devemos olhar para as práticas comerciais e industriais: medicina, armamentos, mídia (escrita), a modelagem da opinião pública (interpretação de sonhos) e o abuso contra as mulheres (tomar as filhas dos homens). Acima de tudo, devemos olhar para os líderes políticos e os sábios que os aconselham. Anjos caídos, deuses incontidos, ainda oprimem e corrompem a criação. *1 Enoque* 9,10 é tão relevante hoje como sempre foi: "E agora, eis que as almas dos que morreram choram e clamam nos portões do céu, e seus lamentos ascenderam". Como é a esperança expressa em 10,18: "Que toda a terra seja cultivada na justiça, que cresça como as árvores e que seja abençoada [...]. E nesses dias eu abrirei os armazéns da bem-aventurança que estão no céu, e os enviarei à terra sobre o trabalho e o labor dos filhos dos homens".

A mitologia dos anjos, como todos os mitos, sobreviveu porque funcionava como padrão máximo de interpretação da vida. Ela ainda carrega um *insight* fundamental, o qual podemos recuperar em nossas leituras do Novo Testamento.

Capítulo IV

A VISÃO DE DEUS

No "Livro dos Vigias", Enoque ascende ao céu, contempla o grande trono de Deus e segue em viagem cruzando os céus, observando seus segredos. A descrição disposta nesses trechos de Enoque tem causado uma reavaliação radical do cenário religioso dos séculos pré-cristãos. Não há dúvida de que os capítulos tratam de uma ascensão mística; relacionam-se aos textos místicos posteriores, nos quais se descreve a contemplação do grande trono em forma de carro, o trono de Deus. Até pouco tempo atrás, ninguém suspeitava de que essas práticas místicas fossem tão antigas.

Em *1 Enoque* 14, somos informados de que Enoque é carregado ao céu com as nuvens, o nevoeiro e os ventos. Ele vê uma muralha de cristal cercada de fogo; em seguida, vê um edifício de cristal em cujo teto há estrelas, relâmpagos e querubins flamejantes. Dentro desse edifício, há uma segunda edificação de fogo; nesta, há um trono de cristal com rodas reluzentes. Dez mil vezes dez mil anjos estão a postos e guardam o trono. Então, um dos santos diz a Enoque que entre no recinto. A Grande Glória dirige-lhe a palavra, dizendo-lhe que leve a sentença aos vigias, os quais haviam abandonado o céu a fim de possuir mulheres humanas, perdendo seu *status* angélico e sua vida eterna.

Enoque é conduzido a uma jornada celeste, para que veja os tesouros das estrelas, a fonte dos relâmpagos, as nascentes de grandes rios e abismos. Ele vê as fundações do mundo, contempla os ventos que dão movimento às estrelas, observa seis montanhas fabulosas e resplandecentes, feitas de joias, as quais cercam a montanha do trono de Deus, cujo cume é como de safira. Ele também vê o abismo de fogo e montanhas ardentes, os anjos do mal, quando lhe são ditos os nomes e deveres dos sete arcanjos. Numa segunda viagem, Enoque contempla o caos da escuridão e o lugar de aprisionamento dos anjos caídos; ele também vê os três lugares tranquilos onde as almas dos homens se reúnem para receber julgamento, as quais estão divididas segundo seus fardos na terra. Enoque contempla a Árvore da Vida, que aguarda seu retorno ao Lugar Santo em Jerusalém, vê montanhas e vales, arvoredos sem fim, todos perfumados, e vê também os portões através dos quais os ventos sopram os diferentes climas.

A curiosa experiência de ascensão mística é encontrada em muitas culturas, tanto antigas como modernas, ainda que alguns autores tenham tratado esse padrão de ascensão e revelação como nada mais que ficção piedosa; no entanto, para uma maioria, o estilo reproduz experiências genuínas. As fronteiras externas da mente humana ainda aguardam uma exploração cuidadosa, e experiências semelhantes à ascensão de Enoque foram descritas por pessoas sob a influência de certas drogas. Sabemos que esse tipo de experiência pode ser induzido de maneiras diversas, como no caso comum dos jejuns. Seria interessante saber o que Ezra comia em 2 Esdras 12,31. No intuito de se preparar para receber as visões, ele sentou-se num campo onde ingeria somente flores e plantas. O que importa não é a experiência nua e crua em si mesma, mas o modo como foi interpretada. O mito dos anjos se torna, na visão enóquica, o meio de controlar e interpretar experiências anormais, e a própria experiência reforça o entendimento de que a mitologia está correta. As visões eram fundamentais para os círculos enóquicos, como também o eram para o cristianismo primitivo. Várias das ideias geradas nessas visões ou, talvez, por elas confirmadas aparecem no Novo Testamento.

A origem do tipo enóquico de experiência mística, a visão do trono, remonta ao Antigo Testamento, mas há bons motivos para acreditarmos que os visionários estavam, não obstante, em baixa em relação àqueles que compilaram a forma final de parte expressiva do Antigo Testamento. Temos apenas vislumbres de que há algo por trás do atual texto do Antigo Testamento. Nesse momento, aqueles que não estão familiarizados com o universo acadêmico versado em estudos bíblicos podem hesitar, uma vez que não tendemos a tomar o Antigo Testamento como um texto "compilado, editado ou censurado", mas ele o foi. É sempre uma questão de quais palavras escolhemos para descrever o processo. O que não podemos admitir é imaginar que o Antigo Testamento originou-se como o Corão ou o Livro de Mórmon. Não se tratou da transcrição literal de palavras reveladas, termo por termo, recebidas em sua forma final. O processo de alteração e reinterpretação das Escrituras sempre esteve operante. Em determinado momento, todavia, estabeleceu-se uma linha divisória, e os textos "sagrados" foram separados. Comentários continuaram a ser escritos, mas agora rotulados como tal e armazenados em separado. O *Livro dos Jubileus*, também encontrado em Qumran, exibe-nos uma fase anterior desse processo de adaptação da Escritura. Trata-se de uma reescrita completa do Livro de Gênesis, cujo intuito foi o de incorporar – nesse texto sagrado – as visões do autor. Nessa versão revisada que se faz de Gênesis, em *Jubileus*, a Lei de Moisés é tida como conhecida e observada antes da existência desse profeta. Abraão, Isaac e Jacó estavam ligados ao calendário sagrado e ofereciam corretamente os sacrifícios. Os motivos do autor eram, sem dúvida, os mais elevados: para ele, a Lei de Moisés era eterna e a tudo governava. Com efeito, muitos o consideraram divinamente inspirado, caso contrário seu trabalho não teria sobrevivido; apesar de haver, no caso, um autor que nitidamente reescreveu o Gênesis.

Devemos nos permitir ficar chocados com essa atitude frente à Escritura. A prática ainda está em vigor, embora sob outro nome. Sempre que tentamos tornar os conteúdos da Escritura relevantes para os nossos dias, fazemos a mesma coisa que fez o autor do *Livro dos Jubileus*. Muitos dos que expõem a Escritura, explicando-a, nada fazem além de projetar nela seus pontos de vista, sentindo-se reconfortados em saber que a Escritura responde de maneira favorável às colocações. Foi apenas com o advento do feminismo, com suas leituras totalmente diferentes e, por vezes, estranhas da Escritura, que nos tornamos conscientes de que as leituras "autênticas", em geral aceitas como padrão, são, na mesma medida e com frequência, igualmente condicionadas pelo intérprete moderno e estranhas frente aos modos antigos. Mas alguém há de dizer, ainda que de forma apressada, que ao menos as Escrituras não foram reescritas. Foram, sim. As muitas e sucessivas traduções para o inglês moderno, levando-se em conta as diferenças entre si, mostram-nos um nítido padrão: sempre que houve obscuridade ou dificuldade com os termos, o tradutor usou seu próprio julgamento como resolução. Se não houvesse diferenças significativas entre essas traduções, por que a necessidade de tantas versões? Talvez houvesse um sentimento, sempre presente, de que as versões modernas não haviam capturado o sentido exato da Escritura.

Se retornarmos agora à visão de Enoque, cujos antecedentes desapareceram do Antigo Testamento, devemos nos perguntar: "Se o autor de *Jubileus* reescreveu Gênesis a fim de incorporar sua própria inspiração, o que será que foi reescrito na redação de Gênesis; qual fora então o novo *insight* de seu autor?" *Scholars* falam, frequentemente, de fontes e editores, quando lidam com a composição de Gênesis, sem se preocupar em saber se os materiais não editados sobreviveram em algum lugar. "Fontes e editores" ou "antigas tradições e censores" – tudo acaba por se tornar uma questão de terminologia, considerando-se o ponto de vista que se pretende adotar. As pessoas que suspeitavam dos visionários, falamos dos místicos, foram aquelas que decidiram, finalmente, qual seria a forma derradeira do Antigo Testamento.

Em Êxodo 24,9-11, há um relato de como Moisés recebe a Lei no Sinai. Ele vê o Deus de Israel e vê o chão de safira sob o trono. É um capítulo confuso, mas parece-nos que se dirige a um Moisés sendo convocado a subir a montanha de Deus para encontrá-Lo, presencialmente. Isaías também vê o Senhor no trono, cercado de anjos, ao ser chamado à profecia (Isaías 6) e, como Enoque, é convocado a levar uma mensagem de julgamento. Em sua visão, o trono de Deus está no Templo. Ezequiel vê o grande trono em forma de carro, com todas as suas criaturas celestes, assim que é chamado e informado de sua missão: levar uma mensagem de Deus a uma "casa rebelde" (Ezequiel 1,10). Isaías e Ezequiel tiveram experiências semelhantes – a manifestação do grande trono e a convocação para ser um agente de Deus, um arauto e mensageiro de seu julgamento. É claro que Enoque situa-se na mesma tradição, como nela se situa o vidente João. O Livro do Apocalipse descreve como este último é elevado ao céu, vendo o grande trono. Igualmente, ele é convocado a transmitir, às sete igrejas, as mensagens que recebe do alto; são-lhe revelados os segredos do julgamento.

Em contraste absoluto com esse universo, temos o ensinamento do Deuteronômio, no qual se enfatiza, de modo contundente, que o Senhor não foi visto quando a Lei foi dada. Deuteronômio 4,12 afirma que tão somente ouviu-se uma voz, cf. Êxodo 33,18-23: Moisés pede para ver a glória de Deus e recebe a resposta de que ninguém pode ver Deus e viver. Agora, sabemos que os deuteronomistas desempenharam um papel significativo na reunião e transmissão dos textos que formaram o Antigo Testamento, e fica muito claro que esse grupo se opunha a algumas das tradições presentes em Isaías, Ezequiel e, posteriormente, no Apocalipse. Isso pode significar que o tipo de religião judaica da qual o cristianismo retirou sua seiva já era visto, por certos segmentos judeus, como herético, antes mesmo da época de Jesus. Uma das questões cruciais era a visão de Deus; seria possível e o que significava? Quando examinamos as ideias associadas à visão de Deus, damo-nos conta de quão esse assunto era fundamental.

Isaías e Ezequiel nos mostram que a experiência oracular associada às visões era prática muito antiga; não obstante, quando Enoque foi descoberto entre os Pergaminhos do Mar Morto, e os *scholars* perceberam que as visões de ascensão faziam parte da religião judaica do século III a.C., isso veio como tremenda surpresa. As visões de Isaías e Ezequiel não tinham sido consideradas dessa maneira, e, talvez, o modo como esses livros proféticos foram lidos tenha sofrido uma pesada influência da tendência deuteronomista: minimizar ao máximo o papel da profecia visionária. Era contra a Lei Judaica ler os capítulos referentes ao trono em forma de carro de Ezequiel, quando ainda se era jovem e sem uma devida supervisão. Eram passagens consideradas perigosas. Por quê? Hoje, de posse do material enóquico, somos obrigados a rever todos os nossos quadros a respeito das crenças e práticas religiosas na Palestina, reavaliando aquilo que consideramos como pano de fundo do Novo Testamento.

Há também pressão vinda de outro setor, obrigando-nos a rever nossas ideias a respeito dos contextos que embasam o Novo Testamento. Muito do material que foi usado para reconstruir a religião da época de Jesus advém dos escritos de rabinos posteriores; ainda assim, em alguns casos, de pessoas que viveram séculos depois. A evidência escrita sobre essa religião mais antiga da Palestina foi salvaguardada e coletada após a destruição romana de Jerusalém, em 70 A.D. Assim sendo, simplesmente não sabemos como foi decidido o que seria mantido ou quem tomou as decisões. Temos, de fato, um quadro bastante enviesado e, muito provavelmente, impreciso, ou mesmo completamente equivocado, muito embora se tenha tentado reconstruir os cenários de fundo do Novo Testamento com base nele. Não há evidência real acerca dos saduceus (isto é, não restou nenhum de seus trabalhos), tampouco temos algo acerca dos essênios nos escritos dos rabinos. Por que esse silêncio? Uma das consequências desse cenário parcial e insuficiente, ainda que muitas vezes tratado como representante do todo, é a sugestão de que boa parte das ideias encontradas no Novo Testamento recebeu a provável influência do pensamento grego e pagão, uma vez que não há nada dessas ideias circulando nos escritos judaicos sobreviventes. Mesmo o ensinamento central de Jesus, apresentado como o Redentor, tem sido tratado como proveniente de outra religião. Todavia, agora que nosso quadro a respeito do judaísmo dessa época vem se tornando mais claro, quase tudo que está no Novo Testamento pode ser visto como associado ao contexto palestino. A descoberta de uma visão do trono enóquica foi um dos principais motivos para que fizéssemos essas reconsiderações.

Quando Enoque ascende aos espaços celestes, ele não recebe somente a mensagem do julgamento, mas também lhe são passados os segredos da criação. Essa associação entre visão de Deus e conhecimento científico (o que para nós parece estranho, para eles era ciência) é muito importante, não por conta da acurácia do conhecimento científico, mas por ser confiado àqueles que recebem um chamamento de Deus, ficando diante de Sua presença. Conhecimento acerca dos trabalhos da criação é parte da visão de Deus. Além desses, há muitos outros relatos de revelações no *Livro de Enoque*; desses outros textos, podemos ver que havia amplo interesse em questões científicas. Pistas sobre a amplitude desses interesses vêm da lista de conhecimentos associados aos anjos caídos, os quais estes ensinavam, e o melhor exemplo sobre a forma que o conhecimento tomava está no "Livro Astronômico" de Enoque, no qual não se lista o resultado de observações experimentais, mas situa-se a astronomia, o saber astronômico, como revelação angélica.

Encontramos uma confirmação interessante dessa associação entre estados de transe e conhecimento científico nos relatos dos antropólogos que estudaram xamãs e curandeiros. Em muitos desses relatos, alega-se que remédios e curas tradicionais usados por determinada comunidade foram revelados aos curandeiros ou ancestrais, quando estes estavam em transe. (Outro paralelo curioso pode ser retirado do escrito do protestante místico Jacob Boehme (1575-1624), que, como resultado de sua experiência na presença de Deus, sentiu que lhe fora revelado – de uma só vez – muito mais do que teria aprendido em anos e anos de estudos na universidade.)

A fim de ver como esse conhecimento da criação e da revelação do julgamento encaixa-se harmoniosamente em seu contexto natural, temos de descobrir onde as visões ascensionais principiaram na história de Israel. Não foi com os profetas, mas com os reis de Jerusalém, os ungidos, e temos de ligar esses pontos com base nas pistas que nos foram deixadas. O Salmo 89,19 é obscuro, mas há, nele, uma clara conexão entre visão, exaltação (isto é ascensão) e coroação: "Coroei aquele que se mostrou poderoso, exaltei um eleito dentre o povo". 1 Reis 3 diz que a Salomão foi dada a sabedoria de Deus durante um sonho. O Salmo 2, que fala da coroação, diz-nos que o rei foi feito um filho de Deus e estabelecido no Sião, o monte santo. Costumávamos supor que isso significasse meramente estabelecer-se em Jerusalém, mas à luz da tradição enóquica talvez significasse que o rei fora entronizado como um filho de Deus, como uma figura angélica, erguido na montanha de Deus, a qual sabemos ser representada pelo Monte Sião. Também sabemos, pelo texto de Ezequiel, que a montanha de Deus era um jardim com árvores e querubins, onde habitavam figuras angélicas repletas de sabedoria. Ezequiel faz referência a uma delas: o rei/anjo de Tiro era uma criatura sábia que caminhara na montanha santa, na presença de Deus; talvez o rei de Jerusalém tivesse *status* semelhante. O ungido era sábio, alguém capaz de ascender à presença de Deus, alcançando o jardim celestial do Éden. Mas tudo isso ficou encoberto no Antigo Testamento, conforme hoje o conhecemos. Todavia, ainda podemos ver que o governante de Jerusalém era visto como um sábio, isto é, detinha conhecimentos acerca da criação: Salomão pronunciou 3 mil ditados sapienciais, todos versados na ordem natural (1 Reis 4,32-33). Isso tudo faz grande diferença em nosso quadro mental acerca do Messias, no Novo Testamento, principalmente se o nome significasse, de fato, o ungido que desfrutava da presença de Deus, recebendo o *status* de anjo. No padrão que começa a emergir, a visão de Deus ligava-se ao conhecimento, ao julgamento, à ascensão e ao estado angélico, todos estes ligados ao ungido. Tudo isso também veio como padrão para o pensamento do cristianismo primitivo.

As visões de ascensão associavam-se com o Templo e seus rituais. O Salmo 11 nos mostra como o Templo era visto como local do trono celeste, o trono que Isaías vira. Ezequiel vira o trono em forma de carro deixando o Templo (Ezequiel 10), juntando-se aos exilados na Babilônia (Ezequiel 1,1-3). A visão de Enoque descreve o Templo: um edifício dentro de outro edifício, e o trono de Deus dentro desse edifício interior. João contempla, em sua visão, os candelabros de ouro (Apocalipse 1,12), o trono (4,2), taças de incenso (5,8), o altar (6,9). Ele também se inseria nessa ambientação do Templo. Desde o Salmo 73,17 que o julgamento se associara ao Templo. O julgamento do rei de Tiro, todavia, não ocorreu num templo, mas no jardim celestial do Éden. Novamente, temos de reconstruir o cenário da melhor forma que pudermos. Em sua visão do Templo, Ezequiel vê um edifício sobre um monte bem alto (40,2), decorado com árvores e querubins (41,17-18), do qual fluía um rio caudaloso (47,1-12), propiciador de grande fertilidade. Lendas e tradições posteriores sugerem que o candelabro de sete braços do Templo representava tanto a Árvore da Vida do Jardim do Éden como a presença de Deus no Templo. Há uma pista em Zacarias 4, num capítulo deveras embaralhado. Nessa visão de Zacarias, existe um candelabro de sete braços com uma árvore de cada lado. O anjo diz a Zacarias que as duas árvores representam os dois ungidos ao lado do Senhor. O Senhor tem de ser representado pelo candelabro, e os ungidos têm de estar em Sua presença. O Apocalipse de João também se vale desse mesmo imaginário do Templo; o rio da água da vida, conforme descrito no capítulo 22, é exatamente o mesmo da visão de Ezequiel.

A mais conhecida das visões de julgamento está em Daniel 7, que se tornou capítulo fundamental para a Igreja primitiva. Alguns chegaram a sugerir que a caracterização de Jesus como Filho do Homem fora construída pela Igreja primitiva com base no imaginário desse capítulo, e que as passagens relativas ao Filho do Homem nos Evangelhos, nas quais Jesus é associado ao julgamento angélico, não faziam parte da mensagem de Jesus. Essa visão de julgamento é também estabelecida no Templo, reunindo o grande trono e os livros de julgamento, e uma figura como um Filho do Homem ascendendo ao trono, a fim de receber o domínio e o poder no cumprimento do grande julgamento. Esse capítulo foi associado ao Salmo 2, em que o rei ascende para que possa receber seu poder na montanha santa, e isso é quase verdadeiramente correto. Aquele "semelhante a um filho de homem" na visão de Daniel é, portanto, a antiga figura real participando da grande cerimônia de entronização, quando o recém-ungido sentava-se no trono do Senhor, governando como agente terrestre de Deus. Essa associação entre ascensão, entronização e julgamento aparecerá, posteriormente, na fórmula do Credo "e subiu aos céus, onde está sentado à direita do Pai, e há de vir, em sua glória, para julgar [...]", como também em muitos dos hinos escritos para o Dia da Ascensão do Senhor, em que se descreve uma subida com as nuvens em direção ao trono e à realeza celestiais.

> Vejam os montes do Conquistador em triunfo,
> Vejam o Rei em seu poder
> Levando seu carro sobre as nuvens
> Em direção ao portão do palácio celeste [...].

E também

> A cabeça que fora coroada de espinhos
> Agora se faz coroada de glória

Podemos adicionar ao nosso padrão de visão, conhecimento, julgamento, ascensão e *status* angélico vários outros elementos: a figura real chamada de "um Filho do Homem", o Templo do Éden e seu rio caudaloso de água da vida, o Candelabro da presença de Deus e a Árvore da Vida, cujos frutos tornam o homem imortal (Gênesis 3,22), e as nuvens que conduzem ao céu a figura do filho do homem.

Antes de traçarmos esse imaginário místico de visões e suas associações ao Novo Testamento, devemos olhar para a forma em que a visão é emoldurada. Em primeiro lugar, a visão de Deus nunca ocorre simplesmente como o clímax de um transe espiritual. A contemplação da Grande Glória sempre se dá como ato preliminar de uma designação para que se atue como agente/mensageiro de Deus. Em segundo, as visões são sempre descritas nos termos das coisas terrestres (ver o próximo capítulo, sobre as parábolas). Somos sempre informados de como o que se vê é *semelhante* às contrapartidas terrestres, e não que *são* esta ou aquela coisa. Esse padrão de correspondências é crucial em nossa apreciação sobre as visões dos apocalípticos: Deus podia ser percebido pela mente humana, portanto, não era impossível conhecê-Lo, embora Ele não pudesse ser descrito integralmente em termos terrestres. A linguagem pode nos levar ao ponto em que a visão torna-se possível, mas as coisas terrenas compreendem somente uma parte da visão. Assim, em Êxodo 24,10, há uma descrição do piso sob o trono celeste em que se diz: "como se fosse de safira". Ezequiel 1 fala de um fogo como o bronze, "das semelhanças das criaturas viventes [...] como carvão ardente [...] como tochas [...] como o relâmpago". *1 Enoque* 14 descreve algo com a aparência de um piso de cristal, um teto como o caminho das estrelas. João vê Aquele que está no trono, semelhante ao jaspe e à cornalina, como se fosse esmeralda, e, de frente para o trono, algo semelhante a um mar vítreo, semelhante ao cristal (Apocalipse 4,3-6). A visão de Deus relacionava-se com a experiência, ainda que também se relacionasse com algo além desta; as coisas terrestres compreendiam parte da visão, cujo resultado traduzia-se em ação.

O Quarto Evangelho está repleto do imaginário derivado dessa experiência de ascensão e visão no Templo. Há temas versados em ascensão e descenso: "Ninguém subiu ao céu, a não ser aquele que desceu do céu, o Filho do Homem" (João 3,13); "E quando virdes o Filho do Homem subir aonde estava antes?" (João 6,62); "Não me retenhas, pois ainda não subi ao Pai. Vai, porém, a meus irmãos e dize-lhes: subo a meu Pai e vosso Pai; a meu Deus e vosso Deus" (João 20,17). Frequentemente, o contexto é o Templo: "Estando próxima a Páscoa dos judeus [...]. No Templo, encontrou os vendedores de bois, de ovelhas e de pombas, e os cambistas sentados" (João 2,13-14); "Depois disso, Jesus o encontrou no Templo [...]" (João 5,14); "Quando a festa estava pelo meio, Jesus subiu ao Templo e começou a ensinar" (João 7,14); ver também João 8,2 e 10,23.

Jesus estivera na presença de Deus, e fala do que ouviu e viu durante essa presença: "Em verdade, em verdade, te digo: falamos do que sabemos e damos testemunho do que vimos" (João 3,11); "Aquele que vem do alto está acima de todos; o que é da terra é terrestre e fala como terrestre. Aquele que vem do céu dá testemunho do que viu e ouviu" (João 3,31-2); "se eu julgo, porém, o meu julgamento é verdadeiro, porque não julgo só, mas comigo está o Pai que me enviou" (João 8,16); "Aquele que me enviou é verdadeiro, e digo ao mundo tudo o que dele ouvi" (João 8,26; também em João 8,28, 38 e 47); "mas o Pai, que me enviou, me prescreveu o que dizer e o que falar" (João 12,49).

Jesus é uma figura real, um filho de Deus: "Rabi, tu és o Filho de Deus! Tu és o Rei de Israel!" (João 1,49); "Tens palavra de vida eterna, e nós cremos e reconhecemos que tu és o Santo de Deus" (João 6,69); "meu Reino não é deste mundo" (João 18,36). Ele usa o imaginário do Templo referente à água (João 7,37) e à luz (João 5,17). Ele se sente honrado com seu nome: "a fim de que todos honrem o Filho, como honram o Pai" (João 5,23); "Aquele que me serve [...] o Pai o honrará" (João 12,26); "Pai santo, guarda-os. Em teu nome me deste, para que sejam um como nós" (João 17,11). A vontade de Jesus é a vontade de Deus: "pois desci do céu não para fazer a minha vontade, mas a vontade daquele que me enviou" (João 6,38). Ele é a manifestação terrestre da Glória: "Jesus [...] manifestou a sua glória" (João 2,11); "Como podereis crer, vós que recebeis glória uns dos outros, mas não procurais a glória que vem do Deus único?" (João 5,44).

Aqueles que veem Jesus alcançar o que outros alcançaram somente por meio da visão do trono, a visão de Deus, são transformados pela experiência e se tornam angélicos: vivem a vida do céu e atravessaram a morte: "e quem me vê, vê aquele que me enviou" (João 12,45); "Quem me vê, vê o Pai" (João 14,9). O que os apocalípticos teriam chamado de conhecimento e *status* angélico, o Quarto Evangelho denomina de vida eterna: "Quem vê o Filho e nele crê, tem a vida eterna" (João 6,40; cf. 1 João 3,2); comparar também João 5,24 e 8,51. O que estaria por trás de João 5,37, a não ser uma crítica severa, quando se diz que os judeus não viram nem ouviram Deus? Pensam que a vida eterna pode ser encontrada em suas Escrituras. Somente os enviados de Deus o viram (João 6,46); somente o filho fê-lo conhecer (João 1,18). Jesus tem o papel de Filho do Homem, o Juiz: "O Pai [...] deu ao Filho o poder de exercer o julgamento, porque é Filho do Homem" (João 5,26-27); cf. 8,15-16.

Os pontos de contato mais claros com a mitologia real do mundo angélico se encontram no tema recorrente do "erguimento" do Filho do Homem. Uma vez que erguer-se aludia à ascensão da figura real prestes a receber seu *status* angélico, vemos a amarga ironia em João 19,7. Eram os anjos, aqueles que não morriam, que eram chamados de filhos de Deus. Todavia, aqui, segundo "uma lei", o Filho de Deus tem de ser erguido e então morrer. O homem (no código dos apocalípticos, *um homem* significava uma figura angélica, e, conforme veremos, na interpretação judaica da Escritura "homem" era frequentemente tido como designação secreta para o Messias) está finalmente trajado como um rei (João 19,5), sendo levado para ser erguido (na cruz). Isso nos certifica de que o autor do Quarto Evangelho era um mestre da ironia, e muitos de seus pontos não podem ser devidamente apreciados se divorciados do quadro de referência enóquico.

Além do Quarto Evangelho, encontramos um padrão significativo em "As Bem-Aventuranças"; Jesus fala dos que alcançarão o reino do céu, aqueles que serão filhos e filhas de Deus, e os que verão a Deus (Mateus 5,3-12). Paulo também conhecia essa experiência de ascensão ao céu (2 Coríntios 12,1-4), mas seu magnífico capítulo sobre o amor (1 Coríntios 13) parece ser uma crítica àqueles que davam ênfase excessiva a esse tipo de experiência; a língua dos anjos, dons proféticos, o conhecimento dos mistérios e o poder de operar milagres são quase nada quando comparados ao amor. Pois agora vemos de maneira confusa; a visão face a face ainda está por ocorrer. Nessa reversão, Paulo está absolutamente inserido em seu contexto judaico. Ele fora educado para ter zelo pela Lei, e esta apoiava a visão de mundo dos descendentes dos deuteronomistas, justamente aqueles que baniram, conforme suspeitamos, os profetas visionários. Dois séculos antes, o Eclesiástico se colocava contrário à busca de conhecimentos celestes:

> Não procures o que é muito difícil para ti,
> Não investigues o que vai além de tuas forças.
> Aplica-te àquilo que te é acessível
> E não te ocupes com coisas misteriosas
> Não te aflijas com aquilo que te ultrapassa,
> Pois foi mostrado a ti mais do que o homem pode
> compreender
> Pois o julgamento apressado extraviou a muitos,
> E as más suposições desviaram seus pensamentos
> (Eclesiástico 3,21-4)

2 Esdras, escrito no fim do primeiro século A.D., dizia que a ascensão não era possível: "Nunca fui aos abismos e percorri o inferno, tampouco ascendi ao céu" (2 Esdras 4,8). Um rabi do século II A.D. usava o Salmo 115,16 – "O céu é o céu do Senhor, mas a terra, ele a deu aos filhos dos homens" – para argumentar que a ascensão não era possível. Ninguém tinha subido ao céu, tampouco a glória de Deus havia descido à terra. Uma ilação provavelmente dirigida contra os místicos judeus, ou mesmo contra as alegações cristãs.

Nos primeiros séculos cristãos, havia um bocado de especulação entre os judeus a respeito do trono de Deus, e se seria ou não possível aos seres humanos terem uma experiência de ascensão. O trono divino, conforme descrito por Ezequiel, era um carro alado (*merkabah*, em hebraico); essas experiências ficaram conhecidas como misticismo *merkabah*. São vários os textos místicos; alguns falam de um céu, outros de sete. Paulo conhecia vários céus, uma vez que reivindica ter ascendido ao terceiro (2 Coríntios 12,2). Eram experiências que descreviam o trono, os anjos, os fogos e as sensações tanto de calor quanto de frio extremos; eram consideradas muito perigosas. Há uma história famosa, com várias versões, de quatro rabis que entram no Paraíso. Somente um deles, o grande rabi Akiba, ascende e desce em segurança. Os outros, ficamos sabendo, "olharam", mas não sobreviveram à experiência. Os que cultivavam essas experiências eram chamados de "mergulhadores do carro/trono", um nome esquisito para pessoas que buscavam uma experiência de ascensão, mas que nos revela quanto esses místicos antigos eram mais sofisticados do que frequentemente se supõe. Faz apenas quarenta anos que o teólogo norte-americano Paul Tillich sugeria (como se fosse uma novidade) que a terminologia ligada à profundidade era mais apropriada para falar de Deus que a terminologia ligada à altura. Quando essas ideias se tornaram populares, quinze anos mais tarde, no famoso livro de John Robinson, *Honest to God*, uma grande onda de pareceres ovacionou a sugestão de que Deus "lá no alto" não seria mais um modo apropriado de pensar e falar sobre o divino. Todavia, os sábios de antanho, com suas ascensões em descida e suas parábolas que associavam a terra ao céu, já tinham dito isso havia muito. Nossas mentes por demais literalistas têm se preocupado com o cenário, e acabamos perdendo contato com o outro lado da parábola. O próprio Jesus disse: "Porque eis que o Reino de Deus está no meio de vós" (Lucas 17,21); talvez, ele quisesse dizer a mesma coisa. Há uma versão mais longa dessa afirmação no Evangelho de Tomé que torna seu significado mais claro: "Mas o Reino está dentro de vós, e está fora de vós. Se vos conhecerdes, sereis conhecidos e sabereis que sois filhos do Pai vivo" (Tomé 3,1-2).

Os cristãos continuaram a usar o imaginário do carro e da ascensão. Há uma coleção de hinos cristãos primitivos conhecida por *Odes de Salomão*. Se esse hinário foi originariamente judaico ou cristão ainda está em debate, mas com certeza tornou-se cristão. Alguns desses hinos foram descobertos faz cerca de duzentos anos, em versão copta, e desde então foram encontradas versões em siríaco quase completas, e uma ode em grego. A Ode 38 é muito semelhante ao relato enóquico de ascensão ao céu e viagens astrais.

> Ascendi à luz da verdade como em um carro alado
> E a luz conduziu-me e me fez chegar ao destino
> Conduziu-me por fossos e penhascos
> Salvando-me de abismos e vales trevosos [...]
> Não corria perigo, porque Ele andava constantemente
> comigo.

Eusébio, o historiador da Igreja, narra o conto menos feliz (*Histories* s.16.17) de um sujeito chamado Teodoto, o qual ascendeu ao céu em êxtase, mas pereceu miseravelmente como resultado dessa experiência. A descrição mais detalhada de uma ascensão se encontra no relato do martírio de Santa Perpétua, que morreu em Cartago no ano 202 A.D. Foram-lhe concedidas três visões antes de sua morte. Na primeira, ela vê uma escadaria de ferro forjada com armas terríveis, mas que ela tem de subir. No topo, ela encontra um lindo jardim, onde há um homem trajado de branco que lhe dá as boas-vindas. Um mártir companheiro, São Sátiro, também teve uma visão em que, após sua morte, ele ascende a um jardim celeste, no qual vê um edifício com paredes luminosas. Anjos guardiões trajados de branco vestem todos os que entram com túnicas brancas. De dentro do edifício, ele ouve os anjos cantando em uníssono "Santo, Santo, Santo", do mesmo modo que fizeram Isaías e Enoque. A descrição do trono, as túnicas brancas e o coral angélico podem bem ser uma memória do Livro do Apocalipse; as paredes de luz podem ter vindo da descrição em Enoque; e os perigos da escadaria celeste compreendem uma experiência comum entre místicos. O jardim, todavia, nos leva de volta aos antigos reis e sua ascensão à presença de Deus, realizada no Jardim Celestial do Éden, o templo celeste.

A visão de Deus permaneceu importante na Igreja primitiva. Vemos isso nas histórias, nos ensinamentos e também no culto. Santo Irineu era bispo de Lyon, no sul da França, no fim do século II. Ele viera da Ásia Menor, de Esmirna, próximo a Éfeso, onde conhecera o mártir Policarpo, o qual, por sua vez, segundo Irineu alega, conhecera o apóstolo João, quando este residira em Éfeso, no fim de sua vida. Portanto, não chega a ser uma surpresa que nos escritos de Irineu, o teólogo mais importante do período, encontremos, bem desenvolvidas, ideias sobre a visão de Deus, as quais estão subentendidas no Quarto Evangelho. Talvez Irineu as explicasse em maior detalhe porque estivesse escrevendo um livro, *Contra as Heresias*. Deus, ele diz, tornou-se humano em Jesus disponibilizando a visão de Deus a toda a humanidade. A visão de Deus conferia vida eterna, tornando os seres humanos filhos e filhas de Deus. Tornando-os divinos. A visão de Deus também dava conhecimento, embora, nesse momento, isso significasse os segredos celestes, os quais tinham sido revelados por Jesus aos seus seguidores. A ênfase de Irineu não destaca o imaginário sacrificial da morte de Cristo. Ele morrera verdadeiramente como prova de que fora verdadeiramente humano. Na época, algumas pessoas diziam que ele não fora realmente humano, somente em aparência. Irineu enfatiza a união entre divino e humano em Jesus, a encarnação, a possibilidade de Deus em termos humanos. Ele viu toda uma vida, e não apenas uma morte, por meio da qual os seres humanos foram restituídos ao seu estado de filhos de Deus. (Essa ideia tem suas raízes mais profundas na tradição sapiencial israelita das parábolas; ver capítulo 5.) Tratava-se da união entre o céu e a terra em Jesus, tornada possível na visão conducente de benefícios agora acessíveis a todos.

Esse padrão de ideias tornou-se muito importante para as tradições místicas posteriores, especialmente das igrejas orientais, para as quais a visão da luz divina era tida como transformadora da alma, uma luz divinizadora. Era a mesma Luz que tinha se manifestado nas grandes visões do Antigo Testamento, quando Deus revelara a Sua glória; era a luz que os apóstolos tinham visto na transfiguração. A luz sempre esteve lá; nos momentos de visão, como na transfiguração, os discípulos eram transformados e capacitados a ver o que realmente estava lá. O poema de Francis Thompson "No Strange Land" expressa bem esse estado:

Os anjos guardam seus antigos lugares;
Virem uma pedra e despertem uma asa!
É isso, sim, eis suas faces estupefatas,
Que se esquivam da coisa esplendorosa.

Isso não é muito diferente de alguns ditos de Jesus, conforme relatados no Evangelho de Tomé: "Rache uma lasca de madeira e eu estarei lá. Levante uma pedra e me encontrará [...] O Reino do Pai está disperso sobre a terra e os homens não o veem" (Tomé 77,2; 113,2).

Existe outra área em que a visão celeste ainda é lembrada, e que talvez nos seja mais acessível que a do misticismo da Igreja Oriental e dos antigos escritos preservados por cristãos gnósticos no Egito. Nas grandes visões que formam o livro "Similitudes", Enoque ouve o cântico dos anjos antes de ver o trono de Deus (*1 Enoque* 39). Trata-se do mesmo cântico que Isaías ouvira em sua visão: "Santo, santo, santo é o senhor das hostes [espíritos]". João ouve-o em sua visão (Apocalipse 4,8), usado nas orações eucarísticas, no momento em que nos lembramos de que o nosso culto, nossa adoração, reúne-se com a do céu:

Na Igreja Ortodoxa, os padres rezam para que os anjos ministrem com eles a eucaristia, e na antiga oração eucarística romana há o pedido para que o santo anjo de Deus leve o pão e o vinho para o altar celeste. O culto cristão dá prosseguimento à visão de Deus; esse é o motivo pelo qual as igrejas orientais dispõem de seus grandes domos, cujo intuito é representar os céus, com Cristo, o Juiz, no centro, e os fiéis abaixo, cercados pelas ilustrações dos santos, com os quais se reúnem. Costumava-se dizer que essa visão celeste, de tão poderosa, levara à conversão da Rússia. Vladimir, o governante pagão de Kiev, enviou embaixadores a

Constantinopla, onde estes viram a grande liturgia da Igreja e, sensibilizados, souberam que era ali que Deus habitava com os homens. Quando Vladimir se converteu, em 988, levou sua visão de Deus à Rússia, na companhia de professores cristãos e livros cristãos. Entre eles, havia um *Livro de Enoque* – não aquele que conhecemos do texto etíope, mas outro texto relacionado, o qual sobrevivera apenas em eslavo antigo, a língua da Igreja Russa. O texto ficou conhecido como *2 Enoque*, ou "Os Segredos de Enoque", tratando-se de outro relato sobre experiências visionárias de Deus e do mundo celeste. Antigos manuscritos do livro estão hoje entesourados em lugares como São Petersburgo, Moscou e Belgrado, e os anjos de *2 Enoque* cantam o mesmo cântico de louvor que cantavam os anjos em Isaías e *1 Enoque* (*2 Enoque* 21).

Em tudo isso, percorremos uma imensa distância, desde a visão enóquica do grande trono, numa jornada que nos deu um novo entendimento sobre a religião do século III a.C., oferecendo-nos um novo olhar sobre o universo monárquico do antigo Templo. Mas até nos pontos mais distantes dessa jornada detectamos a mesma visão e o mesmo *insight*, prova de quão fundamental era essa experiência e a magnitude de sua influência. Foi expressa em cânticos e hinários, desde os primeiros tempos, e ainda é tema para os modernos. A antiga liturgia de São Tiago da Igreja Ortodoxa, que conhecemos como:

> Que toda carne humana e mortal permaneça muda, com temor e tremor, afastando qualquer pensamento mundano. Porque o Rei dos reis e o Senhor dos senhores avança, agora, para ser sacrificado, para entregar-se em alimento aos fiéis; escoltado pelos coros angelicais, os principados e as potestades,

e ainda o hino moderno e crescentemente popular:

> Majestade, adore a Majestade.
> A Jesus seja a glória, poder, louvor,
> Majestade, reino e autoridade
> Flui do seu trono
> Para o seu povo, por sua graça
> Exaltai, eleve bem alto
> O nome de Jesus.

e ambos os hinos derivam da mesma raiz. Entre eles, temos:

> Venham, participemos dessas canções de júbilo
> Com os anjos em volta do trono,

cujo autor nasceu no século XVII;

> Santo, Santo, Santo! Deus Altíssimo!
> Desde a aurora nosso canto de louvor sobe até vós,

cujo autor nasceu no século XVIII; e

> Meu Deus, quão maravilhoso sois vós,
> Vossa Majestade, quão brilhante,
> Quão belo é o vosso assento misericordioso,
> Nas profundezas da luz ardente,

cujo autor nasceu no século XIX. Todos esses hinos usam o imaginário que traçamos para Enoque e sua tradição: o *status* divino do rei, representante terrestre de Deus (exploraremos isso no capítulo 7); o imaginário das águas que fluem do grande trono no antigo Jardim do Éden; a canção angélica em volta do trono; a associação do trono celestial de Deus não somente como local de luminosidade indescritível, conforme relatado nas visões dos místicos, mas também como assento da misericórdia, o qual, de fato, existira no antigo Templo.

Quando começamos a desemaranhar a antiga tradição, percebemos que esta nunca foi realmente perdida. Passou a ser enunciada em linguagem familiar e, assim, foi ignorada. A recuperação de Enoque nos incita a olharmos mais detidamente para o que nos cerca, para que nós também não nos esquivemos "da coisa esplendorosa".

Capítulo V

AS PARÁBOLAS

A segunda seção de Enoque é chamada de "Similitudes" ou "Parábolas", mas nela não se encontram parábolas no sentido normalmente atribuído ao termo. "Parábola" em geral nos invoca o tipo de narrativa que Jesus contava sobre a semente de mostarda, a medida do fermento ou o bom pastor. As parábolas de Enoque não são desse tipo: são visões. A seção tem início com Enoque descrevendo a visão que teve da sabedoria, como também as palavras do Santíssimo que teve de pronunciar. Ele diz que recebeu três parábolas destinadas àqueles que vivem na terra. Devemos, portanto, procurar um significado para o termo "parábola" que seja suficientemente largo para abranger tanto o tipo enóquico de parábola quanto os demais: as parábolas dos Evangelhos e as do Antigo Testamento.

Infelizmente, os termos para parábola em hebraico, *mashal*, e em grego, *parabole*, não são sempre traduzidos para o inglês como "parábola"; portanto não se fazem evidentes nas versões nessa língua. Isso nos deveria servir de alerta. Se o termo em inglês, parábola, em seu significado usual, foi visto na maioria dos casos como impróprio, então nas ocasiões em que foi usado provavelmente também o foi de forma inapropriada. Temos de imaginar todo um conjunto de ideias que a mentalidade hebraica podia colocar sob um único título, mas que, para nós, não parece ter uma identidade comum. O problema de encontrarmos uma palavra em inglês que se equipare ao *mashal* hebraico é claro exemplo da significativa distância existente entre nosso universo de pensamento e o da época do Novo Testamento. Se Jesus ensinava em parábolas, quão bem, de fato, compreendemos seu ensinamento? Em Números 23,7,18 e em Jó 27,1, o termo é traduzido por "discurso"; em Isaías 14,4 e Miqueias 2,4, por "sátira"; em Ezequiel 17,2; 20,49; 24,3, por "alegoria"; em 1 Samuel 10,12, por "provérbio" – realmente, todo o livro de Provérbios é uma coleção de parábolas, e sabemos que Salomão proferiu 3 mil parábolas (1 Reis 4,32), sinal de que era um sábio. No Novo Testamento, desconsiderando seu uso nos Evangelhos, o termo é usado em Hebreus 9,9 "simbolicamente", e em Hebreus 11,19, "figurativamente".

Apareceram muitos argumentos complexos sobre o significado de *mashal*, e seria aqui impossível resumi-los brevemente. Todavia, duas coisas se fazem claras: a parábola/provérbio associava-se aos sábios e a sua sabedoria, e funcionava, assim como a poesia hebraica em seu conjunto, por paralelismo, comparando-se uma coisa com outra. Talvez possamos iniciar dizendo que os sábios apreendiam um padrão geral para a Criação, o mundo de Deus, fosse sua face visível ou invisível, usando suas correspondências como modelos de ensinamento. Havia outros sábios no mundo antigo, aos quais atribuímos outros nomes, chamando-os geralmente de magos, os quais também trabalhavam com esse conhecimento dos paralelos. Esses homens acreditavam que um devido conhecimento acerca das correspondências da criação permitiria que certas distorções fossem corrigidas e realinhadas. Essa era a base de sua "magia" e seus correspondentes processos de cura. Não deveria nos causar nenhuma surpresa descobrir que Jesus, articulador de parábolas e operador de curas, fosse descrito e lembrado por muitos no mundo antigo como um mago. Não se tratava, contudo, de título injurioso como hoje pode parecer, muito por conta das ideias modernas sobre o que seria um mago.

A "parábola", quando se apresenta como um dito conciso (que deveríamos chamar de provérbio), fornece-nos, frequentemente, ambos os lados da comparação. O livro bíblico dos Provérbios compreende quase inteiramente esse tipo de parábola. A parábola mais longa, em formato de história, oferece-nos apenas um lado do paralelismo, deixando para o leitor o trabalho de compreender o que realmente está sendo dito. Quando Jesus proferiu a parábola, "o Reino do Céu [...] é semelhante a um grão de mostarda" (Marcos 4,30-32), sabemos que, na verdade, falava do crescimento do Reino de Deus, de seu poder. No caso, ele usava o âmbito terreno para ensinar sobre o celeste. Por outro lado, quando Isaías proferiu a parábola sobre o astro/estrela orgulhoso/a, elevando-se acima do trono do Deus Altíssimo, sabemos que, de fato, falava sobre a queda do rei da Babilônia. No caso, Isaías usou o celeste para ensinar sobre o terrestre. As parábolas (discursos/oráculos) em Números 23,4 são registros das visões de Balaão, aquele que "ouve as palavras de Deus e que conhece a ciência do Altíssimo, vendo aquilo que o Todo-Poderoso faz ver" (Números 24,16). As parábolas (alegorias/visões) de Ezequiel são as de alguém que teve visões do trono alado de Deus (Ezequiel 1,10), alguém que foi erguido pelo cabelo e carregado pelo Espírito de Jerusalém (Ezequiel 8,3). Mesmo Salomão, a quem são atribuídas as parábolas menos exóticas de Provérbios, teve um sonho no qual Deus apareceu-lhe. Salomão pediu o dom da sabedoria, a fim de bem governar o povo de Deus (1 Reis 3,5-14). Ensinar por meio de parábolas era característico dos sábios, conforme frequentemente nos foi dito. Mas o importante é notar que esses homens de sabedoria eram também visionários, ainda que esse aspecto seja menos enfatizado. O Livro dos Provérbios não parece ser o trabalho de um visionário, embora os dois sábios bíblicos sobre os quais sabemos alguma coisa, Daniel e José, fossem ambos visionários.

Muitas das parábolas, os ditos dos sábios, oferecem o lado celeste do paralelo, a fim de que o ouvinte possa desenvolver sua aplicação no mundo. Por conta da própria natureza "celeste" de seu aspecto, a parábola surge na forma de uma visão, que no caso de Enoque se chama "visão de sabedoria". Tratava-se de um *insight* acerca dos segredos da criação, à medida que essa criação era experimentada em sua dimensão material e terrestre. A coisa era vista como uma revelação, um apocalipse. Esse é o significado de apocalipse. Com certa frequência, as visões lidavam com o grande julgamento, fosse de Israel, fosse de seus inimigos, sempre havendo uma correspondência terrestre em relação ao que fora visto no céu. Os profetas associavam-se em especial com esse tipo de visão, mesmo que seus oráculos nem sempre fossem chamados de parábolas. Os profetas acreditavam-se especialmente privilegiados por terem estado diante de Deus, em Sua presença, conhecendo assim a realidade por trás da experiência terrestre. Podiam então relatar o que tinham "visto" (os profetas "viam" a palavra do Senhor, p. ex., Isaías 1,1; Amós 1,1; Abdias 1; Miqueias 1,1; Naum 1,1). Era esse o sentido de os profetas serem capazes de prever o futuro: sabiam o que viria a acontecer, porque haviam visto sua contrapartida celeste, e conheciam o plano celeste. Portanto, suas palavras eram temidas. Muito se tem escrito a respeito da diferença entre "profecia" e "sabedoria". Por um bom tempo, ficamos obrigados a rotular os escritos como pertencentes a uma linha ou a outra. Trata-se, não obstante, de falsa distinção, causada por nosso modo de estabelecer definições.

As três parábolas de Enoque descrevem, cada uma, um grande julgamento sobre os reis e os poderosos. Fica claro, por conta das punições recebidas, que se trata dos anjos caídos, ainda que sejam igualmente reis. Aqui vemos, novamente, o mito fundamental dos anjos a estruturar a parábola enóquica, cujo *insight* está no fato de os reis caídos encontrarem seu julgamento. É aqui que ficamos cientes, como pela primeira vez, de uma das características da parábola: o julgamento descrito não é algo que ocorre em outro estado de vida, tampouco algo que ocorra necessariamente no futuro. Pode ser uma descrição da realidade presente, e o elemento invisível é a contrapartida daquilo que está realmente acontecendo. Tampouco temos de considerar uma parábola ou visão como algo que tem somente um único e específico significado ou aplicação. Tendemos a considerar que histórias em parábolas sejam indefinidamente relevantes, mas que as visões carreguem uma mensagem particular, direcionada a uma situação em particular. No entanto, não se trata disso. As visões se faziam igualmente relevantes em mais de uma situação. Quando olhamos para as parábolas mais conhecidas dos Evangelhos, em que o Reino do Céu é descrito como o fermento que faz crescer, ou como uma pérola a ser encontrada, não pensamos que esse *insight* se aplique particularmente a uma única situação, a uma pérola em particular ou a uma medida exata de fermento. Trata-se de uma observação geral. O mesmo se dá com as visões. Estas eram relevantes para circunstâncias particulares, mas também carregavam um valor duradouro. Esse é o motivo pelo qual as palavras dos profetas eram registradas e guardadas. Portanto, seria um erro fazer referência à reutilização de profecias pelas gerações posteriores como se fosse algo impróprio, uma operação indigna. O *insight* oferecido pela visão tinha sua natureza calcada numa realidade imutável. Toda profecia possuía um significado esperando para ser encontrado. A forma escrita da profecia tornava-se – ela mesma – como um *mashal*, uma parábola. O texto somente oferecia um lado do paralelo, pois cabia à sábia interpretação oferecer o outro. Vemos esse processo nos comentários bíblicos escritos pela comunidade de Qumran. Essas pessoas tratavam os escritos proféticos como mistérios que careciam de interpretação, do mesmo modo que outros tratavam as visões. A profecia não era uma coisa do passado remoto. Era uma janela para o eterno presente.

Tendemos a pensar "os profetas" como um grupo particular de pessoas que falou num passado distante, e que, de alguma forma, deixou de existir. "Os Profetas" tornou-se o nome de uma coletânea de escritos. Todavia, a profecia não deixou de existir ou de ser escrita, ainda que houvesse aqueles que buscassem restringi-la e desacreditá-la, talvez em nome da estabilidade e da uniformidade (p. ex., Zacarias 13,2-6). A profecia não podia e não pode ser controlada, sendo perturbadora em sua própria natureza, uma vez que toma como seu ponto de referência algo completamente distinto do *status quo*. Os deuteronomistas nunca solucionaram o que pensavam a respeito da profecia, uma vez que eram primeira e fundamentalmente organizadores e juristas; a profecia era um problema para eles. Em determinado estágio, exigiram a comprovação de que as palavras de um profeta haviam se cumprido (Deuteronômio 18,21-22). Considerando-se que essas realizações geralmente ocorriam após a morte do profeta, os verdadeiros profetas estavam sempre mortos. Mas, quando até mesmo a prova tornou-se perigosa (Deuteronômio 13,1-5), somente a ortodoxia, a concordância com Moisés, ficou aceitável como profecia verdadeira. Um grande número de pessoas não aceitou essa imposição, continuando a acreditar na profecia viva fora dos condicionamentos da Lei. A tradição enóquica é um bom exemplo disso. Por volta da época do Novo Testamento, alguns livros eram interpretações proféticas de trabalhos mais antigos, outros eram composições completamente novas. A profecia foi importante na Igreja primitiva. João Batista e Jesus foram tratados como profetas. Lemos sobre Ágabo em Atos dos Apóstolos 11,27-30 e sobre a profecia como ministério reconhecido (1 Colossenses 12,29). Por todo o Novo Testamento, lemos sobre o cumprimento de profecias. Essa habilidade de relacionar a profecia com eventos correntes era, em si mesma, um aspecto daquela, estabelecendo o padrão de correspondências.

As visões-parábolas de Enoque não eram uma nova forma de parábola, tampouco o novo conteúdo das visões tinha algo de novo. Durante séculos, os profetas de Israel tinham contemplado o inevitável discernimento sobre o mal, um julgamento, como parte da ordem natural. Já encontramos uma ilustração desse julgamento dos reis e dos poderosos em Isaías 24,21, quando o Senhor pune as hostes celestes nos céus e os reis da terra na terra. Os dois estão em paralelo, de certa forma, confundem-se. É exatamente esse o retrato que nos dá o Salmo 89, no qual os papéis e os poderes de Deus nos céus fornecem o espelho fiel para os papéis e os poderes de seu rei ungido na terra. O rei era a manifestação terrestre do poder de Deus. É esse tipo de pensamento que subjaz a muitos versículos misteriosos do Quarto Evangelho, por exemplo, João 5,30: "Por mim mesmo, nada posso fazer; eu julgo segundo o que ouço, e meu julgamento é justo, porque não procuro a minha vontade, mas a vontade daquele que me enviou"; ou João 10,25: "As obras que faço em nome de meu Pai dão testemunho de mim"; ou João 10,30: "Eu e o Pai somos um". Em Enoque, encontramos quase os mesmos paralelismos. *1 Enoque* 43,4 diz que as estrelas no céu são os santos na terra que acreditam no nome do Senhor dos Espíritos (trata-se da versão enóquica para o título de Senhor das Hostes). Compare, aqui, com Daniel 12,3, em que se diz que os justos brilharão eternamente como as estrelas, e também com Jó 38,33, em que o Senhor pergunta a Jó: "Conheces as leis dos céus, determinas o seu mapa na terra?". Ou mesmo a oração do Senhor: "Que seja feita a Tua vontade na terra, como no céu" (Mateus 6,10). *1 Enoque* 71,14 diz que o Filho do Homem, presumivelmente uma figura celeste, é Enoque. Em outras palavras, Enoque, quando na terra, assume a função do celestial Filho do Homem, trazendo a mensagem do julgamento para os caídos. No Quarto Evangelho, essa função terrestre do Filho do Homem é dada a Jesus (João 5,27). Ele seria aquele a anunciar o julgamento.

Devemos, portanto, supor que todo o quadro retratado nas parábolas enóquicas é o paralelo celeste de uma realidade terrestre. Há três parábolas, cada uma dizendo mais ou menos a mesma coisa. Os detalhes entre elas diferem, o que provavelmente significa que temos três versões antigas dispostas lado a lado. A primeira visão descreve a grande convulsão, quando a congregação dos justos aparece. Os reis e os poderosos desmoronam diante do trono de Deus, e Enoque é transportado para que conheça as moradias dos justos. Ele toma consciência dos segredos dos céus, informando-se como os reinos estão divididos e como as ações dos homens são aferidas. Compare o leitor com a mensagem do sábio Daniel ao rei Baltazar (Deuteronômio 5,26-28): "Deus mediu o teu Reino e deu-lhe fim [...] tu foste julgado na balança [...] teu reino foi dividido". Os termos são muito semelhantes, mostrando-nos que os padrões e preocupações dos sábios não eram arbitrários, mas enraizavam-se profundamente nas tradições de Israel.

Na segunda parábola, o Eleito senta-se no trono da glória e dá início ao grande julgamento. Céu e terra são transformados, e Enoque tem uma visão do Filho do Homem e do "Ancião dos Dias" não distinta daquela em Daniel 7,13. Os livros são abertos e o nome do Filho do Homem é revelado. Ao Eleito é dado o espírito da sabedoria. (Filho do Homem e O Eleito compreendem títulos da mesma figura, mas advindos de tradições distintas.) Ficamos sabendo que as montanhas se tornam impotentes diante da face do Senhor dos Espíritos, uma ilustração curiosa até nos darmos conta de que as montanhas eram vistas como repositório de poderes celestes, alguns dos quais malignos. Em *1 Enoque* 18,13, Enoque vê os anjos caídos como grandes montanhas flamejantes; Jeremias 51,25 descreve a Babilônia como uma montanha destrutiva que seria queimada; e, de fato, uma montanha em chamas cai do céu na visão de João (Apocalipse 8,8). Novamente, temos uma indicação de que o imaginário e as preocupações em Enoque eram os mesmos dos profetas, o que vale dizer que eram os mesmos da antiga religião de Israel, os quais seriam posteriormente adotados e usados pela Igreja primitiva. Na segunda grande visão, Enoque testemunha o julgamento de Asael, presidido pelo Eleito, mais uma versão de um conto inserido no "Livro dos Vigias".

Em sua terceira visão, Enoque contempla outros segredos celestes e aprende os deveres dos anjos antes de testemunhar o julgamento, oficiado pelo Eleito, dos reis e poderosos. Nessa visão, o trono está cercado pelos anjos e justos, presumivelmente aqueles que foram transfigurados em estado angélico (cf. 1 Coríntios 6,2-3: "Então não sabeis que os santos julgarão o mundo? Não sabeis que julgaremos os anjos?"). Enoque testemunha a punição dos anjos e aprende seus nomes. Vinte e um nomes são dados, a maior parte dos quais termina em *-el*, termo que significa "deus". Os anjos tinham poderes divinos. Mas esses nomes não são os mesmos nomes de anjo do "Livro dos Vigias", e isso é importante, uma vez que os nomes dos anjos eram vitais na prática da cura e do exorcismo. Caso se soubesse o nome do Maligno, este poderia ser preso e governado (cf. Marcos 5,9, quando Jesus pergunta o nome do demônio e então o expulsa). Sabemos do historiador Josefo que os essênios tinham um juramento solene a fim de preservar os nomes dos anjos. Reconheciam-lhes o enorme valor e jamais alterariam seus santos nomes. Isso nos mostra que as listas em "Similitudes" e no "Livro dos Vigias" podem ter vindo de tradições distintas, mas, mesmo assim, no âmbito da teologia enóquica. Não temos prova real da idade de ambas, além de suas reivindicações internas de que são mais puras que os modos do Segundo Templo, portanto presumivelmente mais antigas. Se realmente são mais antigas, surge a questão: "Por que ouvimos tão pouco sobre anjos no Antigo Testamento? O que lhes ocorreu?". A visão termina com a revelação do grande juramento (ver capítulo 6), seguida de um curto ainda que críptico relato em que Enoque é designado Filho do Homem.

Um tópico frequentemente levantado em conexão com escritos como esses é o do dualismo, que pode estar associado a diversas coisas, ou mesmo a todas. Pode ser uma visão do mundo que enxerga o material e o espiritual como coisas inteiramente distintas e separadas, criadas por divindades diferentes e antagônicas entre si. O espiritual tem de se libertar do material. Ou pode significar a luta entre duas forças (o bem e o mal representados – de formas variadas – por espíritos e anjos) pelo controle deste mundo ou pelo controle da vida de um indivíduo em particular.

Ou pode também ser um dualismo temporal: este mundo e então o mundo vindouro. O dualismo que retrata a luta entre o bem e o mal tem certamente lugar em alguns escritos judaicos e do cristianismo primitivo, mas não em Enoque e em textos que lhe são diretamente relacionados. O imaginário em Enoque não é o de uma grande batalha final contra o mal, muito embora exista uma luta corrente. Trata-se, não obstante, de um grande julgamento, o julgamento final, em que o resultado nunca está em dúvida. Os outros dualismos apresentados em separado – espiritual e material, temporal e eterno, etc. – não são característica de Enoque, ainda que isso tenha sido sugerido. O que encontramos em Enoque é uma visão de mundo completamente integrada, em que o céu e a terra são contrapartidas interdependentes, formando uma única realidade, em que tempo e eternidade mostram os mesmos padrões. O celestial/espiritual opera por meio e através do mundo material, para o bem e para o mal, e o tempo é o estado por meio do qual vislumbramos a eternidade. Os sábios conheciam essas correspondências e as chamavam de parábolas. Caso Enoque se baseasse num dualismo em que se separasse o material do espiritual, o temporal do eterno e assim por diante, as parábolas tornar-se-iam impossíveis. Nosso problema é compreender o que realmente diziam, considerando-se que nossas mentes ocidentais pensam hoje de modo bem diferente. O que diziam é muito semelhante em sua forma ao que os autores do Novo Testamento diziam, assim como se assemelha ao que os primeiros cristãos continuaram a dizer. Nas *Odes de Salomão* 34, lemos:

> Semelhante àquilo que está abaixo
> É aquilo que está acima;
> Pois tudo vem de cima
> E de baixo nada há.

Como então é possível colocar uma visão do trono celestial e do julgamento final em paralelo ao mundo do dia a dia? Como é possível relacionar um vislumbre da eternidade com a vida mundana? Caso essas visões não tivessem real relevância frente aos problemas da vida cotidiana, fonte de uma teologia viva, elas jamais teriam sobrevivido. O mito dos anjos caídos aplicava-se, conforme vimos, a inúmeras situações contemporâneas. Era algo sobejamente relevante, um modelo vivo, um padrão para a vida. Assim, diferenciava-se dos simples vaticínios, os quais, uma vez ocorridos, não eram mais relevantes e necessários. O Julgamento, conforme descrito nas parábolas de Enoque, ocorria infinitamente. Os profetas haviam situado esse imaginário na Babilônia e em Tiro, Daniel situara-o junto aos reis selêucidas, mas sua aplicação mantinha-se disponível para outros inúmeros conjuntos circunstanciais. Temos de avaliar as parábolas enóquicas do mesmo modo: a visão celeste do julgamento assevera uma verdade universal sobre a natureza da realidade. É assim que devemos ler a seção central do "Livro do Apocalipse" (Apocalipse 4,18). Os grandes efeitos no céu afetam a terra, por exemplo, os Quatro Cavaleiros angélicos (Apocalipse 6,2-8) aterrorizam a terra, ainda que sejam figuras celestes. O julgamento faz parte da realidade das coisas, trata-se do paralelo celeste que se coloca atrás e para além, capacitando-nos a enxergar a estrutura do que acontece à nossa volta. Essa ideia de um padrão universalmente válido, uma parábola que sirva ao ensino e à apreensão da realidade em vários níveis, nos é mais familiar em nossas reapresentações da Última Ceia, em nossa recordação dos eventos ocorridos na Sexta-Feira Santa e na Páscoa. Acreditamos que tais eventos ultrapassem os meros acidentes terrestres, e que, portanto, tenham um lugar continuado no padrão das coisas, do modo como são.

Vemos as atitudes dos autores dos apocalipses, no tocante ao tempo e à eternidade, no "Livro dos Sonhos", no qual se lê sobre a história de Israel. O período da queda de Samaria até a época do autor, algo em torno de quinhentos anos, é descrito como a era dos setenta pastores (isto é, setenta anjos), sob o jugo desses anjos caídos. Os setenta existem simultaneamente; são convocados diante do Senhor das ovelhas e recebem suas ordens ao mesmo tempo. Então, agem em sucessão naquilo que o autor chama de setenta períodos, depois dos quais todos são de novo convocados e simultaneamente julgados. As grandes figuras angélicas que se manifestam na história e na política são apreendidas apenas em aspecto temporal pela humanidade. Essas figuras existem "antes" disso e "depois" disso; existem numa dimensão fora do tempo, a qual nós, seres humanos, não compreendemos, portanto não podemos descrevê-las como estando ou existindo "antes" ou "depois" de qualquer outra coisa. Esses seres compreendem a ordem eterna que existe em completude, para além de quaisquer manifestações que eventualmente percebamos. Devemos tentar pensar sobre o "tempo" e sobre o que seria esse "além do tempo", o que talvez seja uma descrição mais precisa que a de "eternidade", uma vez que eternidade passou a significar simplesmente um larguíssimo ou infindável arco temporal, mas não é disso que os autores dos apocalipses falavam. O tempo é mensurado por coisas materiais, em seus relacionamentos, crescimentos e decadências. Além do plano material não há tempo conforme o entendemos aqui; mas, do mesmo modo que somos obrigados a descrever o celeste em termos terrestres, temos também de descrever o que está para além do tempo com base em nossa experiência de tempo.

Em alguns lugares, e com certas pessoas, as duas criações se tornavam uma. Havia uma crença judaica de que o patriarca

Jacó fosse um homem, mas que Israel (geralmente considerado seu segundo nome) fosse sua contrapartida angélica, um nome cujo significado é "homem que vê Deus". Enoque, o sábio, tinha lugar em ambos os mundos. A história da transfiguração de Jesus aponta na mesma direção: Jesus colocava-se na interseção entre os dois mundos, e alguns poucos eleitos podiam ver por entre a outra realidade. É a ideia de uma existência fora do tempo que nos dá as referências neotestamentárias de um Jesus existindo antes de ter nascido – "E o Verbo se fez Carne" (João 1,14); "O Primogênito de toda Criação" (Colossenses 1,15); "um Filho [...] por meio do qual ele criou o mundo" (Hebreus 1,2), etc. – e vivendo após sua morte física. Ele pertencia a um campo de existência fora do tempo, assim como fora deste mundo. Ele chegou mesmo a adotar o nome dos grandes anjos: foi descrito como um pastor. O templo também era visto como um lugar do céu na terra (cf. Salmos 11,4: "O Senhor está em seu templo santo, o trono do Senhor está no céu"). Os reis ungidos eram pessoas em que se estabelecia a ponte entre as duas criações, donde a alegação no Quarto Evangelho: "Eu e meu Pai somos um (João 10,30); "Não crês que eu estou no Pai e que o Pai está em mim?" (João 14,10). Esperava-se dos cristãos que também funcionassem como pontes vivas entre as duas criações; o Evangelho de Tomé atribui esse ditado hermético a Jesus: "Quando fizerdes de dois um, vos tornareis filhos do homem, e quando disserdes: 'Montanha, move-te!', ela se moverá" (Tomé 106). Era essa reunião entre os dois mundos o sinal e a função de um "Filho do Homem", e, uma vez alcançada, grandes poderes eram-lhe conferidos.

Se lermos Hebreus 9 desse modo, descobriremos o Templo como o local da interseção entre os dois mundos, e o sacerdote de

Melquisedeque como a pessoa que opera em ambos os mundos. O Templo e seus rituais já eram vistos, na época do Novo Testamento, como manifestação terrestre, como contrapartida de uma realidade celeste e, de fato, acreditava-se que o Messias seria um sacerdote semelhante a Melquisedeque, um sacerdote para a eternidade (Salmos 110,4). O que nos parece um argumento elaborado torna-se deveras lógico nessa linha de pensamento. *Scholars* têm esmiuçado esse capítulo procurando sutilezas advindas da filosofia grega, mas a chave para entendê-lo está em Hebreus 9,9. O Templo é uma "parábola" da época presente, é a contrapartida terrena de um paralelismo cuja grande realidade coloca-se para além. Alguns dos fragmentos de Qumran, "Canções do Sacrifício de Sábado", mostram exatamente o mesmo quadro; os rituais do Templo celeste são as contrapartidas daqueles na terra.

O Quarto Evangelho também está repleto desse imaginário de ascensão e descida, acima e abaixo, retratando Jesus como a ligação entre os dois mundos: "Quem não nascer do alto não pode ver o Reino de Deus" (João 3,3); "Ninguém subiu ao céu, a não ser aquele que desceu do céu, o Filho do Homem" (João 3,13); "Aquele que vem do alto está acima de todos; e o que é da terra é terrestre e fala como terrestre" (João 3,31. Cf. também 6,33,38,62; 8,14, etc.).

É assim que devemos ler, igualmente, o visionário João e a grande visão do Livro do Apocalipse. João era capaz de enxergar além da realidade presente, apreendendo o padrão que a ampara e determina. Apocalipse 4,1 diz: "Para que eu te mostre as coisas que devem acontecer depois destas". "Depois destas" pode também ser traduzido como "além destas", e a frase contém, aqui, provavelmente, ambos os significados. João acessava o futuro, mas apenas na medida em que estava sendo colocado no princípio de um padrão conhecido. Boa parte do bizarro imaginário do livro será encontrada em outros escritos apocalípticos. Ele era capaz de visualizar o desenrolar dessas coisas. O visionário era alguém com condições de compreender tanto o presente quanto o futuro, uma vez que tinha em mãos um modelo universal, um padrão do cosmo. Esse padrão da "Revelação/Apocalipse" até hoje ainda é significativo, não porque se tratava de uma previsão que não ocorreu e que, portanto, ainda está "por vir", buscando seu cumprimento, mas porque se tratava de um *insight* no padrão eterno, algo que continuará a ser uma referência universal, em cuja base podemos tentar estabelecer pontos de compreensão sobre o problema do mal e seu final.

Tudo isso é muito complicado e estranho para o nosso modo de pensar. Quando nos permitimos pensar nos moldes do dualismo, o tempo separado da eternidade, o material separado do espiritual, fincamos uma estaca fatal bem no coração do *insight* original dos Evangelhos. Ficamos cativos de uma ideia de vida "eterna" que se inicia somente após a morte física; uma ideia de que as necessidades e prazeres corpóreos são contrários ao espírito, devendo ser banidos (que consequências terríveis isso trouxe para as mulheres, as quais, por sua própria natureza, representam as necessidades e prazeres corpóreos frente ao clero masculino, o qual desenvolveu a teologia cristã!); a ideia de que o Reino de Deus é algo remoto e avesso ao mundo, um lugar de harpas e túnicas brancas, o ópio do povo. Se nos forçamos de volta à integrada visão de mundo dos autores apocalípticos e dos primeiros cristãos, descobriremos que a vida eterna compreende a vida terrestre já conectada e intersecionada com a outra dimensão, permitindo que o além atravesse e transforme o que está aqui. É esse o significado essencial da Eucaristia. Descobrimos que o corpo humano é o veículo e o canal do Espírito de Deus, o meio pelo qual damos e recebemos amor, exercendo nossas funções como filhos de Deus encarnados, renovando a criação. O Novo Testamento nos diz que o corpo é o templo, e que o templo era o lugar entre o céu e a terra onde Deus se fazia presente. Nossos corpos são as pontes entre as duas criações.

Também descobrimos que o Reino de Deus encontra-se disponível no aqui e agora, o poder de Deus atravessando este mundo. Recuperamos a visão dos antigos Messias, os reis de Jerusalém, aos quais se atribuía a condição de ligadura entre o céu e a terra. Sentavam-se no trono de Deus (1 Crônicas 29,23), e seu reino, embora derivado do reino celeste, era uma realidade absolutamente terrena. O Salmo 72 mostra como esses antigos filhos de Deus trouxeram o Reino do Céu para a terra; trouxeram justiça, retidão, livramento e redenção; mesmo a terra respondeu com fertilidade e prosperidade. Jesus descreveu o Reino de Deus em crescimento (Marcos 4), ou como a descoberta de um grande tesouro (Mateus 13,44), mas acima de tudo era algo que estava "no meio de vós" ou "dentro de vós" (Lucas 17,21). Diversos *scholars* têm debatido se o Reino é presente ou futuro, ou algo tensionado, "entre" o presente e o futuro. Vendo a coisa pelo olhar dos autores de Apocalipse, essas questões se tornam irrelevantes.

As parábolas de Enoque, os retratos do céu que nos mostram a verdade a respeito da terra, são descritas não somente como parábolas, mas também como uma visão da sabedoria. Eram um *insight* sobre a verdadeira natureza do mundo, vida, criação. Mostrava-se a coerência essencial de todas as coisas com base num grande padrão; como acima, assim abaixo. Novamente, tomando as palavras de Francis Thompson:

Ó mundo invisível, vemos-te,
Ó mundo intangível, tocamos-te,
Ó mundo insondável, conhecemos-te,
Inapreensível, agarramos-te!

Enoque não precisa levantar a questão dos pensadores posteriores: "Como a mente humana pode conhecer algo de Deus, uma vez que sua experiência se restringe a este mundo?". Enoque conhece somente um mundo, todo abrangente, e esse conhecimento chamava-se sabedoria.

Mas o que mais conhecemos acerca da sabedoria? Os sábios eram exaltados como os astros/estrelas, vivendo uma vida angélica. Enoque não se encaixava na tradição do Adão caído, por meio da qual essa sabedoria torna-se proibida, por ter aberto os olhos dos homens, tornando-os semelhantes a Deus. A história em Gênesis diz, na realidade, que Adão foi condenado por permanecer cego, negando-se a conquistar seu *status* divino. O Deus retratado em Gênesis parece estar assustado ou mesmo com ciúme do homem em seu *status* divino. A moralidade é o único modo de mantê-lo sob controle. A tradição enóquica relacionava-se diferentemente com Deus, e não temia a vida angélica experimentada pelos sábios. A tradição cristã primitiva cresceu dessa mesma fonte, com sua crença numa vida humana que é mais que moral, pois consciente do *status* adquirido de serem filhos de Deus. Sua teologia sacramental afirmava que o divino poderia transformar e recriar o mundo material. É curioso notar que na prática cristã a vida angélica tornou-se uma espécie de negação do mundo, em vez de uma iniciativa para transformá-lo, mesmo que os Padres da Igreja tenham retido a ideia de que Deus tornara-se homem para que este se tornasse divino.

Capítulo VI

A ALIANÇA CÓSMICA

Em duas passagens em "Similitudes", lemos sobre um grande juramento que ata as forças da criação. Num primeiro momento, isso nos parece uma ideia que, de tão primitiva e bizarra, não teria relevância para o cristianismo de nosso tempo, ao menos não mais que a questão sobre as dimensões exatas da arca de Noé. Decerto; mas, ao ser devidamente explorada, a ideia de uma aliança cósmica se impõe como um dos aspectos mais significativos da teologia enóquica, algo que se aproxima bastante daquilo que os ambientalistas de hoje estão dizendo. Essa ideia oferece um modo totalmente novo de olhar para a criação. Digo "totalmente novo" porque, muito embora *1 Enoque* fosse conhecido e usado pelos primeiros cristãos, esse aspecto de sua teologia foi perdido juntamente com muitas outras coisas. Como resultado, há várias partes do Novo Testamento que deixamos de compreender em seu sentido original.

Na primeira visão, Enoque vê como todos os corpos celestes são mantidos em seu curso em concordância com o juramento, o qual os mantém atados (*1 Enoque* 41), e, na terceira visão, ele vê o funcionamento do grande juramento (*1 Enoque* 69). Essa é uma parte confusa do texto, mas pela qual ficamos sabendo que esse juramento poderoso foi confiado ao arcanjo Miguel. O juramento garante a ordem da criação, mantém firmes os céus e segura a terra. Contém o avanço do mar, por meio de uma barreira de areia. Ordena os abismos, confinando-os, e regula o curso do sol e da lua. Então, aparece uma lista com todas as outras forças da criação: espíritos da água, ventos, relâmpagos, granizo, geada, bruma, chuva e orvalho. Todos funcionam em segurança por meio da força de ligação gerada no Grande Juramento, louvando o Senhor dos Espíritos. O texto parece estar, aqui, na forma de um poema ou hino, com um refrão ao final de cada seção:

> São fortes por meio deste juramento:
> O céu foi suspendido antes da criação do mundo,
> E para sempre.
> Por meio dele, fundou-se a terra sobre as águas,
> E, dos recessos secretos das montanhas, surgiram belas corredeiras,
> Da criação do mundo até a eternidade.
> Por meio desse juramento, criou-se o mar,
> Como sua fundação, Ele colocou areia, fazendo uma barreira contra a ira,
> Para que não ousasse ultrapassá-la, da criação do mundo à eternidade.
> E, por meio desse juramento, os abismos foram amarrados,
> Para que não se movam nem se agitem de seus lugares, de eternidade a eternidade.
> Por meio desse juramento, o Sol e a Lua completam seus cursos,
> Não se desviam de sua ordenação, de eternidade a eternidade.
> Por meio desse juramento, as estrelas completam seu curso,
> Ele as chama pelo nome,

> E elas respondem-Lhe, de eternidade a eternidade [...]
> Este juramento é poderoso entre eles,
> Por meio dele [eles são preservados e] seus caminhos
> preservados,
> E seu curso não é destruído.
> (*1 Enoque* 69,16-21,25)

O "Benedicite", a "Canção das Três Crianças" nos apócrifos, tem um tema muito semelhante: toda criação louva e reconhece seu Criador. Parece como se houvesse, em Enoque, muito mais conteúdo desse hinário do que o que temos atualmente preservado em "Similitudes"; o conteúdo é rompido de súbito.

A ideia de criar – de fixar a Criação – atando-se as suas forças é muito antiga, mais antiga que o relato da criação que lemos em Gênesis. Conecta-se claramente com o mundo da feitiçaria, uma realidade que era amplamente conhecida entre os povos arcaicos. Acreditava-se numa aliança cósmica ou eterna, pela qual todas as coisas eram mantidas em harmonia, segundo o plano divino. Quebrar essa aliança significava liberar as forças que poderiam destruir a criação. É interessante notar que o termo hebraico para aliança, *b^erith*, relaciona-se com o termo "atadura". Alguns dizem que significava, originalmente, a amarração de um acordo entre dois grupos, no modo da aliança no Sinai. Mas poderia haver esse outro significado: a atadura das forças destrutivas. A palavra para aliança em hebraico é também muito semelhante ao termo "criar". Aliança [...] atar [...] criar figuram uma sequência interessante à luz do cenário enóquico da criação. Se estão ou não ligados, possivelmente nunca saberemos de fato.

Intimamente associado a esse juramento se encontra o "nome", ou o "nome secreto", que era o meio de garantir e manter a aliança/

juramento. O nome fora nomeado antes da criação, presumivelmente a fim de torná-la possível.

> E naquela hora, o Filho do Homem foi nomeado
> Diante do Senhor dos Espíritos,
> E seu nome existiu antes do Ancião dos Dias.
> Sim, antes que o Sol e os sinais fossem criados,
> Antes que fossem feitas as estrelas do céu,
> Seu nome já existia, diante do Senhor dos Espíritos.
> (*1 Enoque* 48,2-3)

Isso foi usado a fim de apontar que Jesus existia antes da criação, o Messias preexistente. Acho mais provável que aqui, em *1 Enoque*, o Filho do Homem, tomado como contrapartida celeste de figuras terrenas, integrasse a ordem criada das coisas; os meios para a restauração da criação seriam fornecidos pelo plano original, o qual se colocava para fora do tempo e, portanto, não estritamente "antes" de nada. Conhecer esse nome adicionava senhorio e força ao julgamento. O clímax da última visão do julgamento, em "Similitudes", é a revelação do nome do Filho do Homem. Isso pode expressar a revelação de sua identidade, especialmente ao se saber que, conforme será dito na segunda seção, o Filho do Homem é Enoque, mas no contexto do juramento vinculativo – aquele que reúne e ata as forças subversivas – é mais provável que signifique a revelação de um nome especialmente poderoso, com o qual o juramento é atado, restituindo a criação ao seu estado original, como fora antes da incursão do mal. Essa visão se encerra com o Filho do Homem passando um julgamento em todos aqueles que corromperam a terra, atando-os de modo a extinguir o mal.

Aliança é um termo muito importante na Bíblia; os próprios nomes pelos quais as duas partes são conhecidas, o Antigo e o

Novo Testamentos, na verdade significam a Antiga e a Nova Aliança. Ao explorarmos o antigo conceito de aliança eterna, mencionado no Antigo Testamento, mas raramente notado em nossos dias, podemos adicionar outra dimensão em nosso entendimento do cristianismo visto como a Nova Aliança.

No Antigo Testamento, uma aliança pode expressar não mais que um acordo entre duas partes (p. ex., Gênesis 31,44, quando Jacó e Labão estabelecem um acordo). No entanto, quando pensamos numa aliança, geralmente o fazemos nos termos das alianças estabelecidas com as grandes figuras do Antigo Testamento – como Noé, Abraão, Davi e Moisés. Cada aliança marca um passo à frente na história religiosa de Israel. Após o grande dilúvio, Deus sela uma aliança com todas as criaturas viventes, estabelecendo que a terra nunca mais seria destruída pelas águas (Gênesis 9,8-11). Noé e sua família, por sua vez, são obrigados a nunca mais derramar sangue ou consumi-lo. Com Abraão, duas ocasiões envolveram uma aliança: a terra de Canaã seria dada aos seus descendentes (Gênesis 15,18-21), e todos os seus filhos masculinos teriam de ser circuncidados (Gênesis 17,9-14). Uma aliança foi feita com Moisés e com o povo israelita no Sinai, quando foram recebidos os Dez Mandamentos (Êxodo 24,8), pela qual o sangue sacrificial de bois foi aspergido no altar e nas pessoas para que ela fosse selada. A aliança real foi feita com Davi (2 Samuel 7), quando lhe foi prometido que sua dinastia seria eterna.

A ordem em que as alianças são descritas no Antigo Testamento não é necessariamente a ordem na qual Israel tomou conhecimento delas. As narrativas históricas mais antigas no Antigo Testamento (p. ex., as que envolvem Abraão) não foram escritas na época em que ocorreram, mas foram coletadas da memória popular e da tradição num período muito posterior.

Foram usadas por teólogos a fim de ilustrar seu relato a respeito do crescimento de Israel como nação, e sua consciência crescente da natureza e dos propósitos de Deus. A aliança com Abraão em que se prometia a posse da terra de Canaã e uma descendência incontável foi provavelmente trançada à antiga narrativa numa época muito posterior, depois que a família real de Jerusalém fora destruída, a fim de mostrar que as promessas dirigidas aos reis de Israel enraizavam-se, na verdade, mais profundamente, ultrapassando a família real, e que as promessas feitas a Davi poderiam ser compreendidas como promessas ao ancestral de toda a nação. Assim, Abraão tornou-se o "herdeiro" das promessas da aliança real, mesmo que a aliança real pertencesse a um período muito posterior da história de Israel em relação às histórias originais acerca dele.

De todas as alianças mais importantes, tendemos a enfatizar aquela estabelecida no Sinai, mas essa aliança não se tornou importante para o povo de Israel até um momento bem avançado de sua história. Tornou-se o tema central do Deuteronômio, expressando um estágio avançado e altamente desenvolvido da teologia de Israel, mesmo que, como sinal de respeito, as leis nele contidas sejam situadas na época de Moisés. O Deuteronômio recorda constantemente o povo da grande aliança estabelecida em Horeb (outro nome para o Sinai). As tábuas dos Dez Mandamentos foram mantidas, posteriormente, na arca da aliança, tornando-se o símbolo da nação e da presença de Deus com seu povo. Assim, quando o rei Davi quis estabelecer Jerusalém como sua nova capital, ele levou a arca até a cidade (2 Samuel 6). Essa aliança mosaica era política; estabelecia Israel como nação santa, como jurisdição especial de Deus (Êxodo 19,5-6). Vinculadas à aliança estavam as leis, que eram as leis do estado. É muito difícil para nós hoje imaginar um regime em que todas as leis sejam religiosas, mas não existia algo como lei secular no antigo Israel. É esse retrato da aliança – que compreende parte expressiva de nosso entendimento do tema no Antigo Testamento – que na expressão "Lei e Evangelho" representa a antiga aliança da lei em contraste com a nova aliança do Evangelho.

Todavia, mais antiga que a aliança mosaica era a aliança real, que prometia estabilidade à casa real. A maior parte dos relatos a respeito dos reis de Israel e de Judá vem das mãos daqueles que desenvolveram a teologia da nova aliança, baseada na história mosaica, e não ficamos surpresos de saber que deram pouca ênfase aos modos que tinham suplantado. Da maneira como hoje a encontramos, há, de fato, muito pouco acerca da aliança real nos escritos históricos do Antigo Testamento, e temos então de coligir material com base em pistas e alusões nos profetas e salmos. Consequentemente, o quadro não fica tão nítido como gostaríamos. Essa aliança real mais antiga assemelhava-se bastante à aliança cósmica ou eterna que encontramos em "Similitudes" de Enoque. No Antigo Testamento, a aliança real associava-se com "o ungido", reis que eram chamados de "filhos de Deus". Isso torna bem provável que a aliança cósmica/real compreende o pano de fundo de algumas passagens do Novo Testamento (p. ex., Romanos 8,19: "pois a criação em expectativa anseia pela revelação dos filhos de Deus").

O grande juramento, a aliança cósmica e a aliança eterna compreendem a mesma realidade, e encontramos essas ideias em muitas partes do Antigo Testamento. Jó 38 descreve a criação de um modo singularmente enóquico. O Senhor questiona Jó: "Quem fechou com portas o mar [...] quando lhe impus os limites?"; "Podes atar os laços das Plêiades?" É exatamente isso que encontramos em Enoque: o atar das águas e dos corpos celestes. A "Oração de Manassés", nos apócrifos, tem início com a apresentação de Deus como aquele que acorrentou o mar, confinou os abismos, selando-os com seu terrível e glorioso nome. Aqui, como ocorre em Enoque, é o poder do nome que ata as forças desgovernadas. Nesses exemplos, descobrimos que as forças do caos são ativas não somente nos anjos caídos, com os quais nos familiarizamos, mas também nas águas e abismos. Trata-se de um elemento novo na mitologia, não proeminente em Enoque, mas, não obstante, importante para entendermos certas passagens do Novo Testamento. Este também nos revela que essas ideias reais/cósmicas ainda se associavam com o ungido, o Messias.

Quando Jesus interrompe a tempestade, os discípulos perguntam: "Quem é este a quem até o vento e o mar obedecem?" (Mateus 8,27). Quando Pedro caminha sobre as águas, ele tem êxito enquanto sua fé permanece (Mateus 14,28-30). Quando o visionário João vê a nova Jerusalém, o primeiro céu e a primeira terra se foram, e o mar não mais existe (Apocalipse 21,1). Em todas essas instâncias, o mar representa aquilo que representara na antiga mitologia – o caos e as forças do mal que ameaçam a ordem da criação. Ter poder sobre o mar, ou sobre os monstros marinhos, os quais representavam o mar, era prova de poder divino. Assim, Jesus interrompe a tempestade, Pedro permanece em segurança enquanto sustenta sua fé, e a nova criação, em Apocalipse, se livra do mal em definitivo. Na verdade, a história do dilúvio de Noé é a descrição do mal esmagando a si mesmo. Foi permitido que as águas subissem e apagassem um mundo perverso.

Os salmos estão cheios de passagens em que Deus triunfa sobre as águas, em que resgata seus fiéis da ameaça de serem por elas engolidos. O Salmo 18,16-17 diz que o Senhor resgata o salmista de muitas águas, de inimigos poderosos e daqueles que o odeiam. O Salmo 24,2 diz que o Senhor fundou a terra sobre os mares. O Salmo 46 descreve o poder do Senhor no meio de águas estrondosas, simbolizando forças ameaçadoras; aqui, são as nações violentas (Salmos 46,6). O Salmo 69 tem início com "Salva-me, ó Senhor, pois a água está subindo ao meu pescoço". O Salmo 93,4 afirma que o Senhor é mais poderoso que o mar. O Salmo 104,9 diz que o Senhor colocou um limite sobre o mar, atando-o, e o Salmo 148,6 diz que as águas acima do céu foram fixadas eternamente. Há uma descrição do Leviatã em Jó 41, o grande monstro marinho, o qual foi domesticado pelo Senhor como sinal de seu poder. As águas ameaçadoras não eram as de um mar real, ainda que o imaginário de subjugar as águas pudesse ser aplicado literalmente, como em Êxodo 15,1-18 e Isaías 51,9-10, nos quais se descreve a travessia do Mar Vermelho, parte do imaginário antigo do triunfo sobre as águas. Todavia, o mar representava tudo que fosse aterrorizante e caótico, tudo que ameaçasse a ordem da criação. Esse é o mito pelo qual de tempos em tempos descobrimos que Deus estabelece limites para o mar, fixando-o. Tratava-se do sinal de que a aliança cósmica estava assegurada.

No centro do sistema de controle, estava o Senhor ungido, o rei. Ainda podemos bem visualizá-lo no Salmo 89, no qual o Senhor governa sobre o mar tempestuoso, aplacando as ondas, derrotando o monstro marinho e dispersando os inimigos, todos eles aspectos da mesma ameaça (89,9-10). Então, em paralelo, como o aspecto terreno desse poder, vemos o rei com "sua mão sobre o mar, e sua direita sobre os rios", tornando-se o maior dos reis (89,25-27). Essa crença subjaz ao relato evangélico de Jesus paralisando as ondas da tempestade. Há muitas lendas posteriores acerca do poder que põe freio ao grande dilúvio e tudo o que isso representa. Uma dessas lendas, encontrada no Talmude babilônico, diz que o rei Davi impediu uma grande inundação ao inscrever o nome de Deus num caco de barro, arremessando-o às profundezas. O poder do nome manteve as águas afastadas.

O Antigo Testamento tem muitos exemplos de experiências visionárias em que se relata a destruição da ordem, o que acontece quando a aliança, que mantém atada a ordem criada, é desfeita, e as coisas começam a desmoronar. É importante notar que a aliança eterna não reúne e conecta apenas as forças naturais, pois inclui também constrangimentos morais, fornecendo-nos um quadro de uma única lei a abarcar o que poderíamos dividir em dois: natural e moral. Uma das melhores descrições que encontrei acerca dessa ideia não vem do Antigo Oriente Médio, mas dos ancestrais anglo-saxões. Brian Bates, em seu livro *The Way of Wyrd* (Londres, 1983, p. 12), descreve a visão de mundo dos bretões, conforme conseguiu reconstruí-la com base em um antigo manuscrito hoje abrigado no Museu Britânico:

> Tinham uma visão completa do universo, dos deuses ao subterrâneo, como algo conectado por um gigantesco e abrangente sistema de fibras, como uma teia de aranha tridimensional. Tudo se conectava por filamentos de fibra abarcando toda essa imensa rede. A imagem, em sua ambição, supera em muito nossas visões atuais sobre ecologia, nas quais estendemos nossas noções de causa e efeito a fim de incluir cadeias mais longas e laterais de influência no mundo

> natural. A teia de fibras do feiticeiro anglo-saxão oferece-nos um modelo ecológico que abarca tanto os eventos da vida individual quanto os fenômenos físicos e biológicos, eventos materiais e não materiais, desafiando as correntes mesmas de causa e efeito das quais dependem nossas teorias ecológicas.

A imagem da teia é muito profunda, especialmente quando contrastada com o padrão linear de pensamento, no qual se tem uma coisa causando outra numa cadeia interminável, e uma pessoa assegurando o poder máximo. Progresso, peregrinação, chegar lá e "fazer acontecer" são todos aspectos dessa visão linear da vida. A visão da teia, em que tudo está interconectado a tudo mais, em abrangente interdependência, havendo várias fontes de causa e efeito em todas as rupturas, seja no plano material ou imaterial, parece-me representar mais acuradamente a visão de mundo da aliança cósmica. O progresso não é visto como uma grande alteração na exploração daquilo que nos foi dado (na linguagem do mito dos anjos, usando-se o conhecimento divino para motivos egoístas), mas, em vez disso, como uma grande cura, a grande restauração de tudo novamente fixado em seu devido lugar, não no nosso. Outra poderosa visão de teia pode ser encontrada no livro de Mary Daly, *Gyn/Ecology* (Londres, 1984). Ela contrasta a visão de mundo linear e direcionada ao acúmulo de poder com a visão criativa e generosa da teia. Sendo uma autora feminista, e um tanto raivosa, Daly associa a visão linear e totalitária com o universo masculino, encontrando-a simbolizada nas grandes procissões pelas quais são feitas afirmações de *status*: desfiles de clérigos, acadêmicos, juízes. Ela conclama as fiadoras para que fiem uma nova rede, renovando assim o mundo, para que vejamos o progresso como processo de cura, sentindo a "interdependência" de todas as coisas.

Algumas das imagens proféticas sobre a quebra da aliança falam diretamente à nossa era de crise ecológica. Isaías 24,4-6 vê o céu e a terra definhando. Notem o paralelo: como acima, assim abaixo:

> A terra cobre-se de luto, ela perece;
> O mundo definha, ele perece;
> A nata do povo da terra definha.
> A terra está profanada sob os pés de seus habitantes;
> Mudaram o decreto e romperam a aliança eterna.
> Por esse motivo, a maldição devorou a terra
> E seus habitantes recebem o castigo;
> Da terra foram consumidos:
> Poucos são os que restam.

Trata-se do mesmo cenário disposto em Enoque, e o padrão continua a corresponder. Em *1 Enoque*, o rompimento da aliança conduz ao julgamento; aqui, em Isaías 24,21-22, o rompimento da aliança também conduz ao julgamento:

> E acontecerá que naquele dia:
> O Senhor visitará o exército do alto, no alto,
> E os reis da terra, na terra.
> Eles serão reunidos, como um bando de prisioneiros
> destinados à cova;
> Serão encerrados no cárcere;
> Depois de longo tempo, serão punidos.

Isaías 33,7-9 também lida com o rompimento da aliança. Todos os personagens mencionados são figuras angélicas, segundo a tradição judaica – valorosos, emissários da paz (melhor dizendo, "anjos da paz"; trata-se da mesma palavra), testemunhas. As alianças foram rompidas e a terra definha. Há cenários semelhantes em Oseias 2,18, uma aliança com os animais dos campos; em Jeremias 33,19-22, em que o Senhor promete que a aliança com Davi será tão estável como a aliança com o dia e a noite; em Ezequiel 34,25, a aliança da paz, promotora de fertilidade e segurança. Quando a aliança é quebrada, forças poderosas e destrutivas são liberadas, colocando em risco a criação.

Vemos outro cenário semelhante em Joel. Inimigos perversos vieram se bater contra a terra:

> Um dia de trevas e de escuridão,
> Um dia de nuvens e de obscuridade!
> Como a aurora, espalha-se sobre as montanhas
> Um povo numeroso e poderoso,
> Não existiu jamais outro como ele,
> E nem tornará a existir, depois dele,
> De geração em geração.

E a própria terra cessou de gerar alimento (1,17):

> Os grãos ressecaram
> Sob as suas glebas,
> Os silos foram devastados,
> Os celeiros demolidos,
> Porque o trigo está seco.

São dois os aspectos que envolvem o rompimento da aliança: ataque dos inimigos e fracasso da natureza em prover. Pensamos nos desastres de guerra e nos de fome como categorias distintas, mas o profeta via a ambos como aspectos relacionados ao rompimento da aliança. Os oráculos eram proferidos nos meses de verão, quentes e de seca, o período antes do festival de outono, momento em que Israel celebrava tanto a colheita quanto o triunfo de seu Deus e rei sobre seus inimigos. Mas naquele ano não haveria triunfo, tampouco colheita. Joel descreve o lamento e o arrependimento por conta do rompimento da aliança. Encontramos as expressões familiares: "Rasgai os vossos corações, e não as vossas roupas, retornai ao Senhor, vosso Deus" (Joel 2,13). Encontramos a promessa de que tudo seria restaurado e nos termos que nos são familiares: "Derramarei meu espírito sobre toda carne" (Joel 3,1). A grande aliança seria restaurada; a terra recuperaria sua fertilidade; e o povo de Deus seria salvo de seus inimigos, das forças malignas que haviam rompido com a aliança eterna. Foi essa passagem em Joel que inspirou o grande sermão de Pentecostes de Pedro (Atos dos Apóstolos 2,14-36). Isso nos mostra que a oferta do Espírito e o nascimento da Igreja relacionavam-se intimamente, conforme a visão de Joel da renovação da aliança cósmica, a restauração de toda criação. Talvez devêssemos ler mais a respeito disso em nossos sermões. Nossos poetas e artistas ainda estão descrevendo o rompimento da aliança; Yeats viu com extrema clareza a dissolução da ordem criada em seu "The Second Coming":

> As coisas vão abaixo; o centro cede;
> A anarquia impõe-se sobre o mundo,
> A maré sangrenta está solta, e em toda parte
> Afoga-se o rito da inocência.

A tradição apocalíptica, que foi a mãe do cristianismo, preservou a ideia da aliança cósmica, o julgamento e a grande renovação. Mas sempre manteve uma visão para além do fim, ao que damos o nome de vida após a morte.

A figura central na eterna aliança era o rei, o agente terreno do Senhor. Incumbia-lhe manter as forças do mal a distância. Já mencionamos o Salmo 89, o qual nos mostra o rei nesse papel; e ao qual se acrescentam o Salmo 2, em que os governantes deste mundo conspiram contra o Senhor e seu ungido, liberando-se dos laços; o Salmo 72, no qual se conecta a justiça do rei com a fertilidade da terra; e Isaías 11, em que se retrata o rei messiânico que trará justiça e julgamento, ao que se seguirá o restabelecimento da harmonia da criação. A passagem termina, e de modo significativo: "Ninguém fará o mal nem destruição nenhuma em todo o meu santo monte" (Isaías 11,9). Como acima, também abaixo.

Compare essa visão antiga da criação com aquela encontrada em Gênesis; provavelmente, Enoque abriga a visão mais antiga. Gênesis, capítulo I, dá-nos muitas pistas de que substitui um relato mais antigo; certamente, o que se tem é algo muito distinto da visão de atar e refrear as forças do mal. Gênesis I nos oferece um cenário de tranquilidade ordenada. Deus comanda e assim é feito. As águas se separam e surge o firmamento. Não há nenhuma sugestão de acorrentar um oceano hostil ou prescrever seus limites. Não importa onde a meditação em Gênesis sobre a natureza do mundo tenha se originado, ela reflete uma visão relativamente tardia da criação. Não foi antes da época do Segundo Templo que se deu expressiva ênfase à separação com outras nações no intuito de reforçar uma identidade nacional; no entanto, aqui, em Gênesis I, percebemos a separação como um dos princípios da criação. Tudo está separado, cada um conforme seu tipo. E as grandes ameaças, que compreendiam os sistemas mais antigos, tornam-se passivas: as águas se separam ao comando de Deus, as luzes do céu servem somente para se distinguir o dia da noite, e os grandes monstros marinhos são criados ao lado da vida animal. Essa é uma ideia sobre a criação que, embora mais recente, tendemos a integrar no todo do Antigo e do Novo Testamentos, ainda que não nos ofereça nenhuma sustentação a Romanos 8, tampouco nos explique como essa criação estritamente obediente, que Deus viu como boa, tornou-se o lugar infestado de demônios dos Evangelhos. Em lugar nenhum o relato mais antigo da criação é elucidado no Antigo Testamento. Com efeito, foi certamente negligenciado. Temos então de pegar todas as pistas que pudermos nos profetas e nos salmos, assim como nos livros que não estão no Antigo Testamento. Todavia, são pistas que se encaixam num quadro ajustado a uma criação mais violenta, na qual as forças hostis são limitadas pelo poder de Deus. As duas pequenas peças enóquicas sobre o grande juramento compreendem o melhor relato completo que temos.

A amarração do mal tem o seu lugar no Novo Testamento. Expulsar demônios requer, em primeiro lugar, encontrar onde está o que é forte (Mateus 12,29). Pedro, no instante em que reconhece Jesus como Messias, recebe o poder de *atar* e *desatar* tanto na terra quanto no céu (Mateus 16,13-19). Há muitas semelhanças entre a história da incumbência de Pedro e Enoque (ambas ocorrem no mesmo lugar, por exemplo). A explicação mais provável sobre a incumbência de Pedro é a de que lhe foi dado o poder sobre os malignos (cf. Lucas 10,17, em que os demônios se submetem ao nome de Jesus, e note o leitor o papel central do "nome" no exercício de atar as forças do mal). O poder conferido a Pedro (simbolizado pelas chaves do Reino do Céu que hoje compõem o brasão papal) foi posteriormente interpretado como o poder de atar e desatar os pecados, o poder de absolvição. As raízes dessa ideia estão, contudo, não no perdão do pecado cometido por seres humanos, mas na proteção destes – dos seres humanos – contra o mal maior que lhes é dirigido. A amarração equivalia à repressão das forças do mal.

Essa amarração dos espíritos do mal para a restauração da criação mal se distingue da prática mágica, cujo sentido não tem nada a ver com os truques de picadeiro do mágico moderno associado ao entretenimento, mas sim com práticas muito mais sérias, que lidavam com doenças e possessão. Benzedeiras ou curandeiros seriam o equivalente mais próximo que encontramos ainda hoje. No Mundo Antigo, havia inúmeros magos exorcistas, atuando de modo semelhante ao que Jesus fazia, e não é de surpreender que autores não cristãos frequentemente descrevessem Jesus como um mago. A Igreja primitiva fez grandes esforços para se separar do mundo dos magos, mas as fronteiras nem sempre ficaram claras. Ademais, o Novo Testamento foi escrito numa época em que era importante que se mantivesse essa distinção, e é bem provável que qualquer evidência ambígua tenha sido excluída dos relatos. Mesmo assim, temos certa visão desse problema na origem do cristianismo. Simão Mago ou Simão, o Mago, tentou, em Samaria, comprar o segredo cristão (Atos dos Apóstolos 8,14-24). Elimas, o mago cipriota, que entrou em conflito com Paulo, era um falso profeta judeu (Atos dos Apóstolos 13,4-12). O relato do período em que Paulo passou em Éfeso (Atos dos Apóstolos 19,11-20) revela-nos que exorcistas judeus itinerantes usavam o nome de Jesus em suas técnicas de curandeirismo, e, embora o texto não se faça completamente claro, os versículos 18-19 parecem de fato dizer que muitos dos que tinham se tornado cristãos continuaram a praticar suas artes mágicas, até que fossem persuadidos do contrário.

Os cristãos eram reconhecidos como curandeiros, mesmo após a era apostólica. Há a história de um cristão na Galileia no início do século primeiro, Jacó de Sana. Ele foi convocado por um rabino (!) que fora picado por uma cobra. Outro rabino o proibira de ser curado por um cristão. O sucesso dos cristãos fez com que o nome de Jesus fosse usado em encantamentos, junto aos de Abraão, Isaac, Jacó e Moisés, e mesmo ao de versões do nome sagrado de Deus. Aqui, temos extratos de um encantamento bem conhecido do *Grande Papiro Mágico* (hoje na Biblioteca Nacional de Paris), mostrando-nos um pouco do mundo simbólico do grande juramento de Enoque e das curas cristãs.

> *Uma receita aprovada de Pibekeus para curar aqueles possuídos por um demônio.*
>
> Pegue azeitonas ainda não maduras, mástica e loto, e ferva tudo junto com manjerona-do-campo.
>
> Ponha-se de frente ao possuído e conjure:
>
> Conjuro-te em nome do Deus dos hebreus IAOO.
>
> Conjuro-te ó espírito ou demônio para que fale; conjuro-te com o selo que Salomão colocou sobre a boca de Jeremias.
>
> Conjuro-te àquele que fez da areia uma muralha em torno do mar, ordenando-lhe que não passasse além do limite, e o mar obedeceu.

Conjuro-te com o nome santo Daquele que reside na pura Jerusalém.

> No ato de conjuração, é preciso soprar das extremidades mais baixas para cima, até alcançar a face, e o demônio será expulso. Mantenha-se limpo e puro, pois esta conjuração é dos hebreus, sendo preservada por homens puros.

Note: o nome de Deus, uma versão truncada do nome divino em hebraico, Iahweh; o selo de Salomão; a obediência do mar; e a necessidade de pureza ritual.

Não estamos em condição de saber quão longe o pensamento cristão primitivo foi influenciado pela ideia de aliança cósmica. Há muito pouco sobre o assunto da criação no Novo Testamento, e temos a tendência de nos apoiar na visão oferecida em Gênesis como a única base "bíblica" para nossas ideias. Sabemos, todavia, que os primeiros cristãos conheciam e usavam o *Livro de Enoque*. As passagens da aliança cósmica encontram-se naquela seção de Enoque para a qual não temos prova de uma data pré-cristã, o que deve, uma vez mais, nos deixar cautelosos. No entanto, há suficiente material no Antigo Testamento que nos permita reconstruir a aliança cósmica em seus delineamentos, e isso se encaixa tão bem com a visão em Enoque que não estaremos muito longe da verdade se tomarmos esse tema como possível pano de fundo para o Novo Testamento.

A passagem mais importante que lida com a criação é Romanos 8,14-23. Paulo diz que somos filhos de Deus (um nome que nos aponta aos anjos), porque recebemos o espírito da filiação. No relato dos anjos caídos, em Gênesis 6 (o qual se faz caracteristicamente confuso), o resultado do pecado é de que o espírito do Senhor "não residirá indefinidamente no homem". Paulo reverte essa determinação, associando o oferecimento do Espírito com a aquisição do *status* de filiação. A criação aguarda pela revelação dos filhos de Deus, de modo que possam ser libertados do cativeiro e da decadência. A sujeição da criação foi vontade de Deus, diz-nos Paulo, o que compreende também um dos aspectos inexplicáveis da visão de mundo dos autores apocalípticos, tendo-se que Deus permitiu o sofrimento (a alternativa seria dizer que ele seria impotente para preveni-lo, uma vez que o sofrimento existe, e isso não poderiam dizer). No "Livro dos Sonhos", os pastores malignos têm liberdade para prejudicar o povo de Deus, mas até certo ponto; no "Livro dos Vigias", os demônios malignos puderam infestar a terra até que chegasse o tempo de seu julgamento. Os novos filhos de Deus seriam os meios para desfazer o trabalho dos antigos filhos caídos. Podemos ver esse processo de reversão em operação já no pensamento cristão primitivo. O Espírito retorna e faz novos filhos e filhas de Deus. Estes reganham a imortalidade, reabrindo o acesso ao céu, ao qual os primeiros filhos perderam o direito por sua desobediência: a criação é restaurada ao seu verdadeiro estado de contentamento. Segundo Enoque, é o nome e o poder do Filho do Homem que tornam efetivo esse julgamento.

A linguagem de atar e refrear é muito evocativa. Frequentemente, falamos de canalizar ou liberar forças poderosas. O maior afrouxamento de laços de nosso tempo foi certamente a descoberta do poder nuclear. O relatório oficial enviado ao então presidente Truman, após a explosão da primeira bomba atômica no Novo México, foi tratado em termos apocalípticos: "Então, veio o forte e espantoso estrondo sustentado, que nos alertava sobre o dia final, fazendo-nos sentir que nós, enquanto criaturas insignificantes, blasfemávamos ao ousar interferir em forças que sempre estiveram reservadas ao Todo-Poderoso". A palestra memorial de Nicholas Humphrey Bronowski, "Four Minutes to Midnight", publicada em *The Listener*, em 29 de agosto de 1981, que causou um tremendo furor, analisava a reação das pessoas frente a essa enorme força que fora liberada. Embora provavelmente não tivesse ciência disso, Humphrey usou a linguagem dos autores apocalípticos para descrever o estado psicológico das pessoas, quando tomadas pelo maligno – cegueira:

> E diante desse conhecimento podemos nos perceber vítimas de outro tipo de cegueira, que é igualmente humana, mas, em muitos sentidos, bem menos inocente que a cegueira que vem da falta de compreensão. Falo da cegueira deliberada que nos assalta sempre que enxergamos alguma coisa, mas rejeitamos sua realidade; quando reconhecemos a verdade ou, pelo menos, parte expressiva dela, mas ao encontrá-la – sentindo que seja, talvez, muito dolorosa ou inconveniente – censuramos seu acesso em nossa consciência. Falo daquilo que os psicólogos chamam de negação.

É exatamente assim que Enoque vê um mundo em que a aliança cósmica foi quebrada. Anjos rebeldes, figuras de grande poder, trouxeram um conhecimento à terra, o qual corrompeu e destruiu a criação. Os anjos rebeldes tinham conhecimento em tecnologia, medicina e artes da comunicação. Encarnaram como líderes políticos, e aqueles que ficaram sob sua influência tornaram-se cegos. Nessa visão, Enoque vê o Filho do Homem restaurando os grandes laços da criação, suturando a fissura entre a terra e o céu, e assim restaurando a integridade da primeira. Em linguagem menos mitológica, podemos dizer: trazendo crenças e valores a uma sociedade científica, mas que não são dela derivados nem por ela limitados.

O milagre da cura em João 9 nos mostra quão profundamente essa visão de mundo permeia os Evangelhos. Um homem nascera cego, e não por causa de nenhum pecado seu ou de outrem, mas para que o poder de Deus pudesse se manifestar. Jesus o cura. Quando seus olhos se abrem, as pessoas desconfiam dele, uma vez que Jesus não tinha a autenticação do *establishment*. Jesus pergunta ao ex-cego se ele acredita no Filho do Homem. Por que Jesus perguntaria sobre o Filho do Homem numa cura de cegueira? Caso leiamos o Quarto Evangelho à luz de *1 Enoque* e sua teologia, perceberemos que o fim da cegueira era sinal de que o poder das trevas fora quebrado e a aliança cósmica restabelecida. Esse era o papel do Filho do Homem.

Capítulo VII

O FILHO DO HOMEM

Quem era ou o que era o Filho do Homem? No uso cristão posterior, "Filho do Homem" e "Filho de Deus" representavam o humano e o divino em Jesus; Filho do Homem seria o aspecto humano; Filho de Deus, o divino. Todavia, em "Similitudes" de Enoque, Filho do Homem é claramente o nome de uma figura celeste, não de um ser humano. Esse é o primeiro problema relativo ao termo: em qual significado residia a intenção dos autores dos Evangelhos? O segundo problema é saber se, originalmente, a frase se referia ou não a Jesus. Nos Evangelhos, como hoje apresentado, Filho do Homem de fato se refere a Jesus. Mas a pergunta é: tratou-se de um desenvolvimento posterior do pensamento cristão ou não? Fazia parte ou não de como Jesus descrevia a si próprio? Em alguns dos ditos, poderia ser o caso de ser referência a outrem. Por exemplo, em Marcos 14,61-62, o sumo sacerdote pergunta: "És tu o Messias (o ungido), o Filho do Deus Bendito?", e Jesus responde: "Eu sou, e vereis o Filho do Homem sentado à direita do Poderoso [...]". Se não pudermos provar que ser o Cristo, o Filho do Deus Bendito, era o mesmo que ser o Filho do Homem (isto é, se não pudermos provar que o termo Filho do Homem associava-se com o Messias), então se torna realmente possível afirmar que Jesus se referia a outro, e não a si mesmo, sentado à direita de

Deus Pai. A resposta a essa questão é muito importante para nos ajudar a compreender como Jesus via a si mesmo, uma vez que a frase Filho do Homem é muito usada nos Evangelhos como referência a Jesus, parecendo que foi, de fato, uma característica sua. Será que ele dizia essas coisas a respeito de si mesmo, revelando que era ele o Filho do Homem, ou será que se referia a outro como sendo o Filho do Homem? A construção "Filho do Homem" era apenas uma referência para ser humano, como implicou seu uso posterior, ou se tratava de título angélico, como nos sugere Enoque?

Tem havido um longo debate em torno dessas possibilidades, e as variadas posições têm sido expressas de muitos modos. Bem resumidamente, o argumento se encadeia da seguinte maneira (levando-se em consideração que qualquer simplificação pode sacrificar certas sutilezas do debate).

"Filho do Homem" pode ser usado com ou sem artigo, isto é, como *o* Filho do Homem, ou como *um* Filho de Homem (omitirei os argumentos sobre a diferença entre esses dois, uma vez que requerem um conhecimento de aramaico e grego, mas é importante saber que as duas formas existem. "Um Filho de Homem" implica que poderia haver mais de um deles, ao passo que "O Filho do Homem" tem sabor mais enfático e exclusivo. Em qualquer uma das duas formas, esse uso é bastante incomum em grego, e, consequentemente, trata-se de uma construção que brota desajeitada no Novo Testamento. Mesmo o modo como escrevemos a frase sugere como a compreendemos, ou como gostaríamos que fosse compreendida. Teria letras maiúsculas ou não? Tratava-se somente de um substantivo ou seria um título?).

Foi sugerido que esse termo apareceu, originariamente, de uma frase em aramaico, *bar enash*, literalmente "filho de homem", expressão usada na linguagem do dia a dia e no simples sentido de "homem", quando o sujeito se referia a si mesmo. Corresponderia ao inglês: "*one* does so and so [*alguém* faz isso e aquilo]". Caso signifique simplesmente um homem, um sujeito qualquer, isso explicaria o costume posterior de usar o termo como referência à natureza humana de Jesus. Há muitas passagens nos Evangelhos em que essa sugestão se encaixa bem: "As raposas têm tocas e as aves do céu, ninhos; mas o Filho do Homem não tem onde reclinar a cabeça" (Mateus 8,20; Lucas 9,58) faz sentido como Jesus falando de si mesmo, de seu modo de vida, mas sem implicar, necessariamente, nenhum *status* angélico. Há também passagens em que as palavras de Jesus são relatadas de dois modos distintos. Por exemplo, Mateus 10,32 diz: "Todo aquele, portanto, que se declarar por mim diante dos homens, também eu me declararei por ele diante de meu Pai que está nos Céus", ao passo que o paralelo em Lucas 12,8 diz: "Eu vos digo: todo aquele que se declarar por mim diante dos homens, o Filho do Homem também se declarará por ele diante dos anjos de Deus". Marcos 8,38 é semelhante: "De fato, aquele que se envergonhar de mim e de minhas palavras, também o Filho do Homem se envergonhará dele quando vier na glória de seu Pai com os santos anjos". Isso significa que "Eu" e "Filho do Homem" eram compreendidos pelos autores dos Evangelhos como sinônimos. Mas, caso Jesus compreendesse a si mesmo como uma figura angélica, um enviado de Deus, "Eu" e "Filho do Homem" continuariam intercambiáveis e, ainda assim, possibilitariam que "Filho do Homem" implicasse uma figura angélica. Todavia, esse argumento não se isenta de certos problemas.

O curioso formato da frase "filho de homem" pode ser entendido tendo em vista o uso comum das línguas semíticas, tais como o hebraico e o aramaico. "Filho de" não significa somente ser filho de alguém; poderia também descrever a característica de alguém, ou de um grupo ao qual um sujeito pertencia. Com efeito, em 2 Reis 2,3, quando lemos: "os filhos dos profetas", isso não significava as famílias sanguíneas dos profetas, mas, em vez disso, a comunidade de profetas, aqueles que pertenciam ao mesmo grupo de profetas. Um "filho de homem" teria significado somente um membro da raça humana, como vemos no uso semelhante do hebraico *ben*, filho, no Antigo Testamento. Um exemplo claro é o Salmo 144,3:

> Ó Senhor, que é o homem para que o conheças,
> ou filho do mortal para que o consideres?

A poesia desse salmo tem versos com significados em paralelo; portanto, "homem" e "filho de homem" devem ter sido equivalentes. Há frases semelhantes nos Salmos 31,19; 33,13; 57,4.

O cerne do que resta desse argumento nos coloca a seguinte questão: quando os primeiros cristãos refletiram acerca da vida e dos ensinamentos de Jesus, após ficarem cientes de quem ele era, tomaram a frase que ele tão frequentemente usava sempre que se referia a si mesmo de modo impessoal como um ser humano, "filho de homem", mas, agora, associando-o à passagem mais célebre de todas que contêm a expressão "Filho do Homem" no Antigo Testamento, a de Daniel 7,13? Os ditos de Jesus que falam de um Filho do Homem como aquele da visão de Daniel, o agente humano do grande julgamento, vindo nas nuvens com os santos anjos, são tidos pela academia como derivados de Daniel 7, como parte do desenvolvimento da Igreja primitiva em seu retrato do Cristo. Essa teologização criativa teria modelado ditos que então foram colocados na boca de Jesus pelos autores dos

Evangelhos, ou mesmo pelas comunidades cujas tradições eles registraram, pois eles sentiram que eram verdadeiras em relação à compreensão que tinham de Jesus, mesmo que não tivessem participado diretamente da compreensão que Jesus tinha de si mesmo.

O processo ocorreu em dois estágios. No primeiro, Jesus foi descrito como em Daniel 7, não como "*o* Filho do Homem", um título, mas como "alguém como um filho de homem" (isto é, alguém como um ser humano, que é o que Daniel realmente diz) que foi exaltado na presença de Deus. Gradualmente, "alguém como um filho de homem" tornou-se um título, "o Filho do Homem", e Daniel foi usado como padrão para preencher os detalhes acerca de Jesus como juiz celeste. Não há, dizem os defensores dessa visão, evidência de que "Filho do Homem" tenha sido usado como um título, muito menos como título messiânico, na época do Novo Testamento. Significa simplesmente um "homem", todo o restante vindo do crescimento de determinada tradição dentro da Igreja. O papel de Jesus no julgamento futuro não teria como ser retratado de outra maneira. Expectativas existentes de julgamento teriam de ser modificadas a fim de incluírem Jesus, e assim surgiram as passagens sobre o Filho do Homem. Isso é crucial para essa linha de argumento, mas, infelizmente, conforme veremos a seguir, há um montante considerável de evidência indireta que associa a expressão "Filho do Homem" ao Messias, ao Cristo, formando, portanto, um bom caso para vermos "o Filho do Homem" como algo mais que mera figura de linguagem, em que se usou a figura do Filho do Homem em Enoque como pano de fundo do Novo Testamento.

A visão alternativa é a de que "Filho do Homem", fosse ou não um título, tinha de fato um significado, cujo sentido era mais amplo que um mero "eu", quando usado por Jesus para falar de si mesmo, ou seja, ele sabia exatamente desse significado maior do termo. Com efeito, Jesus associava-se como emissário evangélico do julgamento. As variações que são aparentes nos Evangelhos se devem, provavelmente, às casualidades e riscos ligados à transmissão oral, e nada têm a ver com a construção, no atacado, de uma nova teologia. "Similitudes" de Enoque nos oferece o retrato mais nítido de uma figura sobrenatural de Filho do Homem, mas isso nunca foi admitido como evidência no debate acerca do Novo Testamento, uma vez que nos faltam as provas de que se trate de um texto pré-cristão. Todavia, gostaria de aproximar-me de outra forma desse material enóquico, evitando dizer simplesmente: "esse é um texto pré ou pós-cristão?". Sugiro que os fatores que são correntemente usados por ambos os lados desse debate possam ser empregados conjuntamente para responder à seguinte questão: "Quem é o Filho do Homem?". A fim de dar conta disso, temos de percorrer algumas vastidões, coletando evidências.

Em primeiro lugar, é verdade o fato de não termos evidência de "Similitudes" ser um texto pré-cristão, mas é perfeitamente possível argumentar que suas raízes e ideias de base sejam pré-cristãs. Quando lemos Isaías 1-39, descobrimos que os temas do profeta são notavelmente semelhantes àqueles em Enoque. A visão de mundo entre eles, Isaías e Enoque, é a mesma. Com isso, não quero dizer que os dois livros sejam idênticos, uma vez que obviamente não são, mas sim que seus autores se valeram do mesmo quadro mental e simbólico de referências para se comunicar. Já vimos como a visão do chamamento, em Isaías 6, é semelhante à de Enoque, e como Isaías 24-7 e Isaías 33 são muito enóquicos, com seus temas angélicos e seu julgamento.

Isaías, do mesmo modo que Enoque, não tem lugar de fato para a teologia de Moisés e Êxodo, mas, por outro lado, concede espaços bem significativos aos temas do julgamento (Isaías 2, 12-21; 5,13-17; 14; 19; 22; 24-7; 34, etc.), do pecado do orgulho (Isaías 14; 37,23-29), dos anjos do julgamento (Isaías 37,36-38) e da restauração da criação (Isaías 35). O universo de Isaías é o do Primeiro Templo, no qual os escritos enóquicos alegam deitar suas raízes. Aqueles que construíram o Segundo Templo, dizem-nos os escritos enóquicos, eram impuros e apóstatas. É curioso que todos esses temas isaiânicos sejam igualmente proeminentes em Enoque. *1 Enoque* não cita Isaías e tampouco usa o último como fonte. É possível, portanto, que ambos, *1 Enoque* e Isaías, explorem o mesmo estrato da história e teologia do Antigo Israel.

O único grande tema em Isaías que não encontra reflexo nos textos enóquicos pré-cristãos de Qumran é o tema da figura real. Isaías 9 e 11 retratam ambos uma figura celeste e monárquica repleta de sabedoria e divindade (9,6), que governaria no trono de Davi (9,7) e estabeleceria justiça e harmonia cósmica (11,3-9). A figura real em Isaías, que os cristãos tomaram como vaticínio profético sobre Jesus, é exatamente igual à figura que encontramos em "Similitudes". Nesse texto, ele é descrito de forma mais detalhada, mas a figura real/angélica que promove um grande julgamento é a mesma. Assim, gostaria de sugerir que, ainda que não tenhamos a prova de que "Similitudes" seja um texto pré-cristão, o tema do julgamento, parte central desse texto, forma parte importante da teologia mais antiga, com a qual o resto de Enoque comporta grande semelhança, e que, além disso, a encontramos bem desenvolvida, num todo coerente, no Primeiro Isaías. O cenário do julgamento celeste pode ter sido desenvolvido e reelaborado por gerações posteriores, mas não foi inventado por essas gerações, parte de um arcabouço simbólico que não era estranho à tradição enóquica, mas pelo contrário. As raízes desse cenário, em "Similitudes", são tão antigas quanto as tradições em Isaías.

Em segundo lugar, sabemos que as partes pré-cristãs de Enoque tinham um código peculiar. Descreviam figuras angélicas como homens ou homens vestidos de branco. Não se trata de uso isolado, pelo contrário, pois ocorre diversas vezes. Em *1 Enoque* 87,2, lemos que seres como homens de branco vieram do céu; eram os arcanjos. Em *1 Enoque* 89,36, uma ovelha se tornou homem, o que significava que um ser humano alcançara *status* angélico. Em *1 Enoque* 90,14-22, o escriba celeste no grande julgamento é um homem. Conforme também em *1 Enoque* 93,4,5,8, os três casos no "Apocalipse das Semanas", em que seres humanos se tornam seres angélicos e são descritos então como homens. "Homem", em Enoque, pode fazer referência tanto a um anjo quanto a um ser humano, quando este atinge o estado angélico celeste. Agora, o debate recente acerca do "filho do homem" chegou à conclusão, com base num estudo do aramaico, de que o termo significaria somente "um homem". Assim, em Daniel 7, "semelhante a um filho de homem" passou a ser visto somente como uma figura humana. Mas em Enoque "homens" são arcanjos. Portanto, é provável que uma visão angélica em Daniel tenha usado terminologia semelhante. "Um homem" era uma figura angélica, ou alguém que se tornara angélico. O "Livro dos Sonhos", em Enoque, no qual esses "homens" aparecem com mais frequência, foi escrito mais ou menos na mesma época que Daniel, durante a crise que conduziu à Revolta dos Macabeus. É improvável que os significados em Daniel e Enoque fossem totalmente diferentes. A figura na visão de Daniel, o "homem", deve ter sido a de um anjo, mas, uma vez que foi ao trono, podemos talvez considerar que se tratasse de um dos seres humanos de Enoque, aqueles que se tornavam "homens". Em outras palavras, a figura do filho do homem era a de um ser humano que se tornara divino e ao qual fora concedido domínio. Do mesmo modo que Enoque, o Livro de Daniel também tem animais; neste corresponde à visão de quatro bestas temerosas, as quais representam os quatro impérios. No Livro do Apocalipse, continuam a existir bestas e aparecimentos do "Filho do Homem", que são angélicos; Apocalipse 1,13 descreve "alguém semelhante a um Filho de Homem" e Apocalipse 14,14 "um Filho de Homem", com uma coroa de ouro em sua cabeça e uma foice afiada em suas mãos. "Um filho de homem", ou um homem, significava uma figura angélica. Não devemos ler os apocalipses bíblicos por si mesmos. *1 Enoque*, e trabalhos semelhantes, devem preencher os detalhes.

Em terceiro lugar, esse uso incomum de "homem" não se restringia aos autores apocalípticos. Na época do Novo Testamento, já havia crescido, entre vários intérpretes judeus, o entendimento de que "homem", nas Escrituras, poderia ser uma referência secreta ao Messias. O Targum (comentário) ao Salmo 80,17 se aplica ao Messias:

> Mas deixes que vossa mão esteja sobre o homem que
> está à vossa direita,
> O filho do homem que vós tornastes forte para a vossa
> glória!

Zacarias 6,12, "Eis um homem cujo nome é Rebento", era visto como referência ao Messias, e a promessa repetida à casa real (1 Reis 2,4; 8,25; 9,5, etc.) de que sempre haveria um homem a sentar-se no trono fortalecia essa associação entre o "homem" e a casa real. Daniel 7 também já estava associado ao Messias à época do Novo Testamento, e, embora o Filho do Homem não fosse um título em si, a frase guardava fortes associações messiânicas. Por exemplo, havia uma peça escrita no fim do século II a.C. por alguém chamado Ezequiel (não o profeta, mas uma pessoa com o mesmo nome). Na peça, Moisés sonha que vê um grande trono. O homem sentado no trono convoca Moisés para que ascenda, que se erga, dá-lhe uma coroa e o convida para que se sente em outro trono. Trata-se da mesma sequência de eventos, conforme disposta em Daniel 7, mas com o detalhe adicional de que Moisés é feito rei e coroado. Isso nos mostra que ele fora feito rei Messias ao ascender. Sabendo-se que é exatamente isso que o Filho do Homem fez na visão quase contemporânea de Daniel, essa visão também deve compreender associações messiânicas.

Temos, portanto, três peças independentes de evidência para auxiliar-nos em nosso entendimento sobre o sintagma "Filho do Homem" no Novo Testamento: primeiramente, que a figura real, em "Similitudes", fica muito à vontade frente à teologia enóquica pré-cristã, ainda que, por ora, não tenhamos um texto pré-cristão de "Similitudes"; em segundo lugar, que os autores apocalípticos usaram "homem" no sentido explícito de uma figura angélica; e em terceiro que, na época do Novo Testamento, "homem" era um termo com fortes associações messiânicas, conforme composto em Daniel 7. Portanto, parece-me improvável que Jesus tenha usado a expressão "Filho do Homem" desconsiderando suas implicações angélicas, que a tenha usado somente no sentido prosaico de "homem", um ser humano. A Igreja primitiva pode ter elaborado alguns dos ditos sobre o Filho do Homem no curso de suas atividades como transmissora da Palavra, podendo até mesmo ter adicionado algo de sua própria lavra;

entretanto, duvido de que tenha havido qualquer alteração fundamental frente à intenção do próprio Jesus. A expressão "Filho do Homem" é, portanto, muito importante para o esclarecimento do Novo Testamento, uma vez que nela está a chave do modo como Jesus compreendia seu papel e sua missão.

Caso usemos a referência do Filho do Homem em Enoque, teremos um guia rudimentar a respeito do que estava implícito no Novo Testamento. O Filho do Homem é o padrão celeste, a contrapartida celeste de uma pessoa na terra que cumpre o mesmo papel. Note o leitor que se trata de *uma* pessoa. Muitos já haviam sido chamados a desempenhar essa tarefa; Ezequiel recebera a missão de anunciar o julgamento, assim como ocorreu com Enoque e Jesus. Eram considerados figuras angélicas, por causa de sua missão celeste. Tinham visões. Eram agentes de Deus. Assim, João 5,27 diz que Deus dera autoridade a Jesus para que julgasse por ser Filho do Homem. Mateus também nos mostra a antiga crença de que o rei ungido era um agente de Deus; ele reproduz diversas passagens, nas quais, em vez de "Deus", escreve "Filho do Homem". Assim, em Marcos 9,1, temos "o reino de Deus", que está refletido em Mateus 16,28 pelo "reino do Filho do Homem". O Filho do Homem era o agente e a manifestação visível de Deus. Na parábola das ovelhas e dos bodes, o Filho do Homem é o rei que preside o julgamento (Mateus 25,31-34), um sinal seguro de que o Filho do Homem tinha conexões com a simbologia monárquica.

Em "Similitudes", temos o relato mais detalhado sobre quem era e o que fazia o Filho do Homem. Na primeira Similitude [Parábola], ele habita sob as asas do Senhor dos Espíritos. Trata-se da memória do grande trono real no Templo, o qual era flanqueado pelas asas de querubins. Em seus dias, estabelece-se a justiça; o grande julgamento se dá diante dele, como fora encenado nos rituais do antigo Templo. Na segunda Similitude, tomamos ciência de que O Eleito sentar-se-á no trono do julgamento, que a terra será transformada e que os eleitos nela viverão. O Filho do Homem fica ao lado do Ancião dos dias, e o anjo revela ao primeiro que este será o juiz de reis e poderosos. As palavras se assemelham às do *Magnificat*. O que terá inspirado esse cântico cristão primitivo? Uma expectativa semelhante de julgamento? Por que foi atribuído a Maria? Caso lhe estivesse realmente associado, ou mesmo às expectativas das pessoas em relação ao passado dela, então seria uma expectativa enóquica de julgamento, parte do ambiente no qual Jesus cresceu. Com efeito, estamos no terreno das especulações, mas são questões que nos fazem parar e pensar. O que terá influenciado o modo como Jesus passou a ver a si mesmo e a sua missão? Poderia ser então o caso de ele próprio ter sido diretamente influenciado, em seu pensamento, por esses textos, os quais geralmente presumimos como fonte inspiradora para as comunidades cristãs posteriores, em seu elaborado retrato a respeito dele?

Enoque tem uma visão das fontes da sabedoria e ouve o nome do Filho do Homem, o nome que precedeu a criação:

> Sim, antes que o sol e os sinais fossem criados,
> Antes que as estrelas do céu fossem feitas,
> Seu nome fora anunciado diante do Senhor dos Espíritos
> (*1 Enoque* 48,3)

No dia do julgamento, todos os que negaram o Senhor e seu ungido cairão e não mais serão erguidos. O Eleito está diante do Senhor, repleto do espírito, repleto de sabedoria (as palavras são reminiscentes de Isaías 11). Ele se senta no trono e revela os segredos sapienciais. A criação se regozija, os anjos se enchem de glória; grandes montanhas dissolvem-se aos seus pés. Parte significativa da punição aos reis e poderosos é estes reconhecerem-no em sua Glória, identificando O Eleito antes de serem condenados. A terceira Similitude descreve O Eleito já entronizado, julgando o céu e a terra. O Senhor dos Espíritos convoca todos os anjos e poderes celestes, entre os quais se encontra O Eleito. Todos se reúnem num mesmo e glorioso cântico de louvor. Novamente, os reis e poderosos recebem o comando para que reconheçam O Eleito, tomando ciência de quem ele é. O Filho do Homem estivera ocultado, sendo revelado somente aos escolhidos. Finalmente, o poder do juramento cósmico se fortalece com o Nome do Filho do Homem reavivado, reatando e renovando a criação.

"Similitudes" é um livro confuso; é como se seus textos tivessem sido deslocados no transcorrer de sua transmissão, restando-nos fragmentos acerca do Filho do Homem/O Eleito, os quais se encontram espalhados por todo o material escrito. Muitos temas associados emergem: ele é uma figura angélica que se senta no trono do julgamento; ele foi ocultado, o que, talvez, signifique que não foi reconhecido pelos reis e poderosos; seu nome é fonte pujante de cura e restauração da criação; ele é a fonte da sabedoria; ele é o ungido. Num primeiro momento, pode parecer improvável que esses cenários elaborados tenham qualquer sustentação no Novo Testamento, mas há, não obstante, correspondências significativas. Os primeiros cristãos frequentemente descreviam Jesus como figura angélica, exatamente como fizeram os demônios expulsos por ele – "Sei quem tu és: o Santo de Deus" (Marcos 1,24). Jesus como agente do julgamento de Deus é tema central do Quarto Evangelho (João 5,27; 8,16; 12,47).

O segredo do Messias, sua ocultação, é tema central em Marcos (1,44; 3,12; 5,83; 8,22-26); conforme a tradição pré-cristã do ocultamento de Enoque: "Antes dessas coisas, Enoque permanecera escondido, e nenhum dos filhos dos homens sabia onde fora escondido, onde morava, e o que tinha sido dele. Suas atividades associavam-se ao mundo dos Vigias, e seus dias eram passados com os santos" (*1 Enoque* 12,1-2).

Temos também as lendas posteriores a respeito do Enoque oculto. Os governantes da época não reconheceram Jesus. O "nome" de Jesus era o meio para a cura e o exorcismo (p. ex., Lucas 10,17). Esse grau de correspondência nos sugere que uma figura como o Filho do Homem enóquico integrava o imaginário dos autores dos Evangelhos, à medida que estes compilavam seus relatos, mesmo nas passagens em que o termo "Filho do Homem" não aparece.

Uma das alegações mais frequentes é a de que o termo "Filho do Homem" em Daniel foi o original, fonte primeira das demais ocorrências do termo, e mesmo em relação às ascensões e entronizações celestes. O escriba de Daniel 7, fica assim implicado, escreveu algo completamente novo, até então desconhecido, ao descrever sua visão daquele "que se assemelha a um filho do homem". Se Daniel 7 é fonte exclusiva dos demais cenários posteriores, então, nas passagens em que os textos se diferenciam, somos obrigados a dizer que Daniel 7 foi alterado, modificado, corrompido. Todavia, caso Daniel 7 fosse mais uma visão baseada em ideias conhecidas (como ocorre com frequência), seria o caso de perceber que Daniel 7 e muitas outras visões do Filho do Homem contribuíram, igualmente, com informações valiosas sobre essa figura misteriosa, designando uma fonte comum e mais antiga.

Há a visão de um homem em 2 Esdras 13. Depois de passar sete dias num campo, ingerindo somente plantas e flores, Esdras tem a visão de um mar turbulento. É exatamente assim que se inicia a grande visão de Daniel 7, com uma besta emergindo do mar. Daniel contempla quatro Bestas terríveis na primeira parte da visão. Em 2 Esdras 12,11, Esdras tem a visão de um monstro, que é identificado como a quarta Besta da visão de Daniel. Ficamos assim na expectativa de que a visão de Esdras se relacione com a parte final de Daniel. O vento faz com que algo como a figura de um homem venha do mar, voando com as nuvens. Seu olhar e voz são terríveis, derretendo, como se fosse cera, tudo à sua frente. Depois, Esdras vê uma multidão vindo de encontro ao homem, que, por sua vez, esculpe uma grande montanha para si e nela se refugia. Dessa posição privilegiada, o homem derrota as hordas com uma corrente de fogo que sai de sua boca. Ele desce então da montanha a fim de cumprimentar outra multidão, que, nesse caso, vem em paz, trazendo oferendas. Uma interpretação da visão é dada: o homem é aquele que foi ocultado (NB) pelo Altíssimo, destinado a libertar a criação. Vários detalhes são trabalhados, mas a impressão transmitida é a de que temos uma passagem que sofreu inúmeros acréscimos, alguns deles cristãos, mas todos encontram seus significados numa visão que era – em si mesma – mais antiga que qualquer uma das tentativas de interpretação. O "homem" de Esdras e a figura "como um filho do homem" de Daniel são intercambiáveis, e ambos, Esdras e Daniel, deram diferentes versões a uma mitologia subjacente.

A visão do Filho do Homem, em Daniel 7, descreve quatro Bestas temíveis vindas do mar, às quais se segue aquele "semelhante a um filho do homem". Daniel não diz de onde vem essa figura do Filho do Homem; ficamos sabendo somente que vem com as nuvens do céu e que se adianta até o Ancião dos Dias, de quem recebe o domínio, a glória e o reino. A interpretação da visão (Daniel 7,27) diz que o filho do homem representa todo o povo do Altíssimo em seu eventual triunfo, mas essa é a interpretação da visão, e não necessariamente a explicação de sua forma original. Artistas e visionários não criam a mitologia que interpretam. Há ainda outra visão, em 2 Esdras 2,42, passagem essa usada no lecionário anglicano no Dia de Todos os Santos. Dessa vez, Esdras vê um jovem muito alto (os anjos eram geralmente descritos como muito altos) distribuindo coroas a uma grande multidão no Monte Sião. O anjo intérprete diz a Esdras que essas pessoas puseram a vestimenta da imortalidade; o jovem é o Filho de Deus, ofertando-lhes coroas e palmeiras. Trata-se do mesmo cenário de Apocalipse 7,9-10, a multidão com vestes brancas e galhos de palmeira nas mãos; e também em Hebreus 12,22-24, quando da reunião em festa na Jerusalém celestial. A chave para a origem de todas essas imagens vívidas são os galhos de palmeira, conforme veremos.

Observamos uma situação em que a figura de um filho do homem vindo das águas ascende com as nuvens até o trono celeste, onde se senta para oficiar o grande julgamento, cercado de pessoas que balançam galhos de palmeira no Monte Sião. Estamos, no fundo, observando a preparação de um grande festival em Jerusalém, ou para a memória disso, e que pode ter sido a fonte de todas essas imagens em Daniel, 2 Esdras, Enoque e Apocalipse. Aqui nos pegamos confrontados com um problema familiar: o Antigo Testamento não dá conta de todas as questões que gostaríamos de lhe dirigir. Temos de continuar a reunir fragmentos.

O tema principal dos textos relacionados com o filho do homem é o julgamento. Se olharmos para outras referências de julgamento nos textos bíblicos, encontramos o tema recorrente da grande colheita. Amós 8,1-3 é a mais antiga, o retrato do cesto de frutos maduros, os frutos do verão. "Frutos do verão" e "fim" soam muito parecidos em hebraico, e Amós associa a colheita dos frutos maduros com uma profecia de julgamento. Jeremias vê o julgamento como o Ceifador (9,21). Isaías nos deu a expressão "vinhas da ira", que são pisoteadas por Deus durante o grande julgamento (Isaías 63,1-6). Há a pregação de João Batista, em que vemos o julgamento como um limpar e recolher (Mateus 3,12), e as parábolas dos Evangelhos de colheita e julgamento (p. ex., Mateus 3,24-43, em especial os versículos 37-42). Há o imaginário temeroso dos ceifadores angélicos e dos anjos que recolhem os frutos da iniquidade, espremendo-os no lagar da ira (Apocalipse 14,14-20). Isso sugere que o julgamento ou a sua representação litúrgica associava-se com a época da colheita. Não podemos dizer que uma passagem contendo o imaginário da colheita tenha sido copiada de outra, uma vez que são muitos os aspectos de colheita representados. Podemos tão somente concluir que todo o tema da colheita era associado com o julgamento. Os galhos de palmeira carregados pelas multidões nas visões de julgamento nos confirmam esse aspecto, uma vez que o grande festival da colheita em Israel, a festa dos Sucôt (também chamada de Cabanas, Tabernáculos ou Tendas), era celebrado construindo-se cabanas com forragem e carregando-se galhos numa grande procissão (Neemias 8,13-18 descreve uma dessas celebrações em sua época).

O segundo estágio da reconstrução mostra como o festival da colheita/julgamento associava-se à figura real e sua ascensão ao trono. Toda essa área está repleta de problemas, e as divergências entre os *scholars* são inúmeras. O que se segue é tão somente uma tentativa de encaixar certas evidências numa espécie de quadro geral de referências. Em Zacarias 14, temos a descrição profética do "dia do Senhor" (o dia do julgamento). Ele associa o dia do julgamento com o Senhor se tornando rei de toda terra (Zacarias 14,9), momento em que as nações se dirigem a Jerusalém para participar dos Sucôt e adorar o rei. Em outras palavras, a colheita compreendia tanto a época da coroação quanto do julgamento. Encontramos esse padrão em muitos salmos. (Todo e qualquer emprego dos salmos é difícil, uma vez que desconhecemos seu uso e contexto originais; portanto, temos de adivinhar e admitir que uma conjectura fundamentada é tão boa quanto qualquer outra.) Os Salmos 46-48 pertencem provavelmente a esse contexto. O Salmo 46 descreve o triunfo do Senhor sobre os inimigos e as águas; o Salmo 47, que se tornou o salmo tradicional do Ano Novo (o Festival do Outono), descreve o Senhor como rei, sentado no grande trono; o Salmo 48 descreve o poder do grande rei, o juiz daqueles que lhe são contrários. Os Salmos 96-99 exaltam a realeza do Senhor: "o Senhor reina" (Salmos 96,10; 97,1; 99,1). Trata-se do mesmo imaginário encontrado nas visões do Filho do Homem; a terra treme, a criação alegra-se diante do julgamento, fogo e relâmpago cercam o trono, as montanhas derretem como cera. Encontramos outros ecos desse antigo cerimonial em Deuteronômio 33,2-29, no qual a chegada do Senhor é descrita. Ele aparece ("alvorece", "resplandece" – o antigo imaginário solar) com todos os seus santos, dá a Lei e se torna rei (Deuteronômio 33,5). O texto não é de fácil leitura, mas aquilo que é possível recuperar mostra-nos que se trata de algo muito semelhante aos capítulos de abertura de Enoque, no qual se descreve a vinda do Santíssimo com seus anjos no dia do Julgamento. Colheita, julgamento e coroação associavam-se, e desde o estrato mais arcaico da religião israelita. O jovem distribuindo coroas e palmas agia conforme um padrão antigo.

Mas, alguém contestará, todas essas passagens bíblicas descrevem como o Senhor tornava-se rei. Não mencionam o Filho do Homem, nem mesmo o rei terreno. Aqui devemos retornar às evidências em "Similitudes" e a seu padrão de correspondências, usando-os a fim de ler com mais atenção alguns textos do Antigo Testamento. No mundo do Primeiro Templo, em Jerusalém, o Senhor era o Santíssimo, o anjo guardião de Israel, e seu representante na terra era o rei. Vemos que esse é o padrão do Salmo 89, no qual o Senhor e o rei funcionam em paralelo, mas especialmente o do Salmo 2, frequentemente descrito como salmo da coroação. Esse salmo é uma representação mais antiga do imaginário presente em Daniel 7. Os reis da terra se viram contra o Senhor e seu ungido (Salmo 2,2), mas o ungido se estabelece, firme, no monte santo, e os reis hostis são avisados para que se submetam ao Senhor. Em 2 Esdras, esse mesmo elemento surge como multidão hostil, e na visão de Daniel os reis da terra são representados pelas quatro bestas, usando o simbolismo animal que encontramos em Enoque. A salvaguarda contra todos esses horrores é a presença do rei do Senhor, estabelecido em Sião, o filho do Senhor, aquele que vence as forças trevosas, submetendo-as. Vemos isso no Salmo 110, outro salmo real: "Senta-te à minha direita, até que eu ponha teus inimigos como escabelo de teus pés" (Salmo 110,1). No dia em que é feito rei, o Senhor lhe diz: "Tu és meu filho, eu hoje te gerei" (Salmo 2,7), e desse momento em diante o rei é tratado como o Senhor, aceito como sua manifestação na terra. Em 1 Crônicas 29,20,23, temos um raro vislumbre dos antigos reis, mas, infelizmente, as tradições para o inglês obscurecem o ponto vital e não correspondem com precisão ao hebraico. 1 Crônicas 29,30 diz: "Curvaram suas cabeças, prostraram-se, e adoraram o Senhor e o rei" (isto é, adoraram tanto o rei quanto o Senhor, sua contrapartida celeste). 1 Crônicas 29,23 diz que Salomão "sentou-se no trono do Senhor como rei". Em outras palavras, o rei era a manifestação visível da presença do Senhor. É essa crença que fundamenta a origem da passagem no Quarto Evangelho: "Eu e o Pai somos um".

Em "Similitudes", vemos três memórias distintas acerca do antigo cerimonial de entronização, com a figura angélica do rei atuando como agente do julgamento divino. Eram ideias como essas e a do Filho do Homem que povoavam a mentalidade dos autores do Novo Testamento. Não podemos afirmar que "Similitudes" foi fonte para esses autores, uma vez que nos faltam as provas, mas o imaginário do Filho do Homem era tão amplamente usado, e de modos tão variados, que seria extremamente difícil imaginar como Jesus não teria tomado conhecimento disso. Lamentavelmente, empobrecemos nossa compreensão sobre seu ministério ao desprezarmos as passagens sobre o Filho do Homem nos pronunciamentos de Jesus, como se fosse um acréscimo posterior. Se o "Filho do Homem" era ou não era a expressão de um título à época do Novo Testamento, ainda não sabemos com precisão, mas essa expressão significava certamente uma figura angélica. Se coletarmos todos os fragmentos de visões do Filho do Homem, podemos tentar reconstruir um quadro de referência mais completo e acurado em relação ao que está implícito nos pronunciamentos evangélicos sobre o tema. Já vimos como tantas das características que compreendem o "Filho do Homem" enóquico se encaixam nos parâmetros dos Evangelhos.

Ademais, temos a visão em 2 Esdras 13 de um homem vindo do mar antes de subir aos céus com as nuvens. Seria isso uma memória de algum aspecto da antiga cerimônia de coroação no outono? Podemos, por ora, somente especular. Havia, por exemplo, um grande mar de bronze no Templo de Salomão (1 Reis 7,23-26), que compreendia metade da largura do próprio templo (1 Reis 6,2; cf. 7,23). Era usado pelos sacerdotes quando se lavavam (2 Crônicas 4,6). O rei também se lavava antes de sua coroação? Ele emergia da água e então encenava sua subida celeste e entronização recitando o Salmo 2: "Tu és meu filho, hoje te gerei"? Esse aspecto da figura do Filho do Homem pode então explicar a história do batismo de Jesus, que existe em duas versões. A tradução latina mais antiga do Novo Testamento transcreve um relato diferente a respeito da voz celeste. Diz: "Tu és meu filho, hoje te gerei", em vez do mais familiar "em ti me comprazo". Em outras palavras, havia alguns cristãos dos primeiros tempos que associavam o batismo de Jesus com a coroação dos antigos reis, e acreditavam que Jesus se tornara, completamente, o filho de Deus naquele momento. Esse foi o princípio de seu reinado. Posteriormente, quando Jesus, o Rei, entrou em Jerusalém, ele foi recebido com galhos de palmeira (Mateus 21,1-11). Quando foi erguido na cruz, foi reconhecido como rei por Pilatos (João 19,19-22) e como um filho de Deus pelo centurião (Marcos 15,39). Quando foi finalmente exaltado, ele subiu com as nuvens (Atos dos Apóstolos 1,9). Tudo isso compreende o imaginário real de uma monarquia sagrada, o imaginário vinculado àquele "semelhante a um filho do homem".

Talvez nunca saibamos ao certo como Jesus enxergava seu papel, mas devemos permitir que o senso comum caminhe ao lado do conhecimento acadêmico em relação ao significado da expressão "Filho do Homem". Temos de perguntar como a Igreja primitiva poderia ter atrelado o Filho do Homem de Daniel a Jesus, caso esse repertório não compreendesse parte do ensinamento do último, e desde o início. Temos de perguntar se o profeta cristão que colocou os discursos do Quarto Evangelho na boca de Jesus teria sido aceito como porta-voz genuíno, caso suas palavras não ecoassem a verdade. No fim das contas, parece que de alguma forma o Filho do Homem, juntamente com o imaginário e a teologia associados que encontramos em outros textos que usam a expressão, retrocede de fato ao próprio Jesus, em conformidade com a própria tradição cristã. "Imaginário associado e teologia" é parte importante do argumento. Se restringirmos o Filho do Homem a Daniel 7, supondo (e se trata de mera suposição) que todos os outros copiaram e alteraram essa única fonte, restar-nos-á pouquíssimo material de investigação, o que é sempre campo fértil à inventividade acadêmica. Ao desautorizar todas as evidências, força-se a ideia de que não existe nenhuma evidência, e que a teologia específica do Filho do Homem teria sido inventada pelos primeiros cristãos. Mas, caso tomemos seriamente toda a rede intricada de associações textuais, veremos quão profundamente as ideias do Filho do Homem estavam incrustadas nos Evangelhos. Não somente aparecem nos pronunciamentos sobre o Filho do Homem, mas também em passagens que carregam ideias associadas, tais como o segredo do Messias ou a interseção entre o humano e o divino naqueles escolhidos para integrar o mundo angélico. Nesse caso, torna-se então muito difícil desprezar a centralidade do Filho do Homem. Temos de torná-lo tema central, usando-o como nosso melhor *insight* no tocante à mentalidade de Jesus.

Gerações posteriores deixaram de usar a designação porque estava muito enraizada num conjunto particular de ideias, num padrão muito específico. Finalmente, o título "o Cristo" sobressaiu-se sobre todos os outros, e Filho do Homem passou a significar os aspectos terrenos de Jesus.

Haveria algo a respeito dessa expressão que continue a nos ser relevante fora do universo palestino do século I? Devemos, como o fez a segunda geração de cristãos, usar a expressão Filho do Homem no sentido exclusivo de um ser humano? Caso façamos isso, seremos fiéis a boa parte da tradição posterior, mas talvez percamos um *insight* valioso a respeito das origens cristãs. Talvez não tenha nenhuma relevância direta com textos como "Similitudes". A figura do Filho do Homem, em Enoque, é a de um juiz angélico, um personagem que fica mais à vontade se inserido no mundo fantástico da ficção científica que se colocado na solene respeitabilidade da Igreja oficial. Igualmente, alguém poderá dizer que também não há muita relevância, ao menos de forma direta, em muito do que se diz no Novo Testamento. Mas tornamo-lo relevante ao controlá-lo com nossa tradição e fazendo-o falar nossas línguas modernas. Os *insights* transmitidos pelas tradições do Filho do Homem continuam a ser tão importantes como sempre foram. O Filho do Homem era aquele que julgava os reis e poderosos, os quais finalmente reconheceram numa figura humana, em alguém como eles próprios, as reivindicações finais da justiça de Deus. E alguém "semelhante a um filho do homem", o ser humano capacitado a ligar as duas criações, trazendo o céu para a terra e levando coisas da terra até a visão celeste de Deus, tornou-se o meio de restaurar as coisas quebradas e curar as feridas de uma criação escravizada no mal. Mesmo hoje, o Filho do Homem ainda não tem onde deitar sua cabeça.

POSFÁCIO

As evidências provenientes de Qumran comprovam que *1 Enoque* era um texto pré-cristão. O Novo Testamento e os primeiros autores cristãos nos mostram que esse texto foi usado pelos primeiros cristãos. Mas de onde veio e quem o escreveu? Podemos supor que, uma vez encontrado em Qumran, teve lá a sua origem escrita? As questões que levantamos em relação aos livros bíblicos, devemos replicá-las, as mesmas, a *1 Enoque*, quais sejam: "Tratou-se de material transmitido oralmente? Foi compilado de fontes escritas? Foi editado, alterado, desenvolvido no curso de sua história? Quem preservou essa tradição, compilando o material, revisando os textos e adotando sua teologia característica?". Já mencionamos como os *scholars* adotam um padrão duplo quando se trata de datar textos não bíblicos. Um livro como *1 Enoque* tem sido datado, pela academia, no início do século III a.C., uma vez que foram encontrados remanescentes desse período. Todavia, ninguém dataria um texto bíblico usando esse método. Os fragmentos de *1 Enoque* localizados em Qumran já tinham uma geração de uso, pois haviam sido utilizados e copiados pela comunidade, mas não sabemos de onde vieram e por que essa comunidade os considerava tão importantes a ponto de possuir muitas cópias do mesmo material escrito. Devemos principiar nossa investigação com a mente aberta, perguntando quando *1 Enoque* pode ter sido escrito, onde tiveram origem suas ideias centrais e que pessoas ou quais grupos estimaram essas ideias a ponto de preservá-las e transmiti-las. Temos de perguntar de que modo esses textos se relacionam com o Antigo Testamento, mas sem pressupor que compreendam um trabalho posterior e inferior, dependente do Antigo Testamento.

Algumas partes desse material foram talvez transmitidas oralmente, por exemplo, "Similitudes". Esses três relatos paralelos do julgamento final são evidência da diversidade disposta numa mesma tradição. Há uma estrutura fundamental comum, mas os detalhes diferem. A figura de Enoque não faz parte do relato, pois compreende apenas um observador dos eventos celestes. Quem foi que compôs e então preservou esses textos tão elaborados? Encontramos padrões de palavras e temas recorrentes, os quais sugerem um período de transmissão oral, mas em que ocasião a visão do julgamento foi recontada? Um método muito usado na identificação de contextos de material bíblico é chamado de "crítica da forma". O tipo de um texto é estabelecido comparando-o com material semelhante, e assim um possível contexto e função podem ser levantados. Quando encontramos algo que não possui paralelos óbvios no Antigo Testamento, temos de trabalhar no escuro. Simplesmente, desconhecemos o contexto desse tipo de material, e, ao desconhecermos o contexto, não temos como estabelecer a época em que foi escrito. O imaginário em "Similitudes" se insere no culto de uma realeza sagrada; talvez se tratasse de memórias relativas ao grande cerimonial do Primeiro Templo. Caso tenha sido assim, a coisa compreendeu gerações de devotos associados ao antigo Templo, os quais preservaram essa tradição. A única referência clara de uma tradição semelhante que podemos encontrar no Antigo Testamento é Daniel 7, mas muito dessa visão também nos é obscura em seus elementos centrais. O que temos é uma visão celeste que é interpretada e aplicada às pessoas da época de Daniel. Foi interpretada, e aqui está algo que devemos fixar: um material mais antigo estava sendo reutilizado. Há muito conteúdo em Daniel a respeito do qual pouco se sabe, em especial as passagens que lidam com as figuras angélicas e o contexto do Templo (p. ex., Daniel 8,11-12). Todo material semelhante a Daniel 7, integrado a uma tradição posterior, é visto como derivado, uma vez que geralmente avaliado como sendo original do próprio Daniel, ou mesmo advindo de antecedentes pagãos, afastando-o, em suas raízes, dos textos bíblicos mais antigos. No entanto, não podemos mais ter certeza dessas coisas. É bem mais provável que Daniel tivesse suas raízes numa tradição perdida, que foi preservada apenas em *1 Enoque* e textos relacionados.

Quem preservava essas ideias antigas sobre os anjos e o Templo? A comunidade de Qumran estava certamente bastante interessada em ambos; esse é o motivo pelo qual tinha livros como *1 Enoque*. Sabemos, com base em suas próprias composições, que seus membros tiveram discordâncias com o Templo de Jerusalém, tanto em relação às práticas quanto aos sacerdotes. Mas, se eles não foram os compiladores originais de *1 Enoque*, temos de procurar em outro grupo, mais antigo. Houve, no passado remoto, pessoas cujos interesses centrais associavam-se ao Templo (isto é, sacerdotes), as quais se consideravam puristas e conservadoras dos modos antigos, mas que foram afastadas do Templo de Jerusalém, talvez expulsas? A versão enóquica do retorno de Babilônia certamente esclarece que os exilados retornados eram inovadores, e seus novos modos não eram aceitáveis para muitos. Por conseguinte, o grupo enóquico conservava os antigos modos. Agora, sabemos que grupos religiosos que se separam em oposição à mudança e à reforma podem, eles mesmos, com o tempo, passar por mudanças e desenvolvimentos internos, sem com isso deixar de preservar certos elementos centrais dos modos mais antigos, responsáveis pela causa original da separação. É uma situação desse tipo que devemos vislumbrar como origem dos vívidos relatos de julgamento em "Similitudes".

Detalhes foram provavelmente adicionados ao longo dos séculos, uma vez que esses textos eram usados com frequência. Mas a estrutura essencial permaneceu, todavia, muito antiga.

Em determinado estágio, a figura de Enoque foi identificada com o Filho do Homem, o agente do julgamento divino. O mesmo processo é visível no "Livro dos Vigias": o mito dos anjos caídos foi usado como pano de fundo para o chamamento de Enoque, pois este tinha de entregar a mensagem do julgamento. Esses dois exemplos (temos outros) mostram-nos que *1 Enoque* reutiliza materiais mais antigos, os quais não haviam sido antes associados exclusivamente a Enoque, uma vez que fazem perfeito sentido sem ele. O relato da origem do mal e o relato de seu fim não dependem de Enoque, ainda que ele tenha se tornado o mensageiro e o agente do julgamento. Enoque foi comissionado à maneira dos antigos profetas. Se os mitos que compreendem *1 Enoque* são antigos, será que, talvez, esses profetas foram igualmente comissionados num contexto semelhante?

O "Livro dos Vigias" também é uma obra composta. Duas versões distintas do mito angélico se interpenetram, do mesmo modo que versões diferentes de contos antigos foram combinadas nos primeiros capítulos de Gênesis. Se conseguimos ver, hoje, duas histórias misturadas, devemos supor que certa vez elas existiram separadamente. Uma descreve a queda de Asael, em sua vinda à terra para ensinar conhecimentos celestes; a outra narra a queda dos duzentos anjos caídos, os quais copularam com as filhas dos homens e geraram uma descendência monstruosa. Quando o escriba de Gênesis usou os mitos antigos, ele os combinou com um propósito teológico. As histórias antigas eram usadas a fim de reforçar um ponto relevante às preocupações do compilador. O processo não se resumia a simplesmente coletar antigas lendas e então colocá-las, de modo aproximado, em ordem cronológica. O compilador do "Livro dos Vigias" trabalhava de maneira semelhante. Os dois contos, conforme hoje os lemos, tornam o casamento dos anjos com as filhas dos homens o primeiro pecado, e a corrupção da sabedoria uma decorrência disso. "Enoque" anuncia um julgamento. É amplamente vinculado no mundo acadêmico que essa seção é um comentário sobre as impurezas e corrupções do sacerdócio do Segundo Templo, cuja função era vista como angélica, como santa, encenando na terra o papel dos anjos no templo celeste. Caso seja isso mesmo, então o compilador antigo trabalhava de modo semelhante ao compilador de Gênesis. Quando um comentário como esse tornava-se propício? Novamente, podemos apenas conjecturar. Outros comentários em *1 Enoque* nos sugerem que a divisão crucial ocorreu após a volta dos exilados, durante o retorno do cativeiro da Babilônia. O culto que encenavam e presumivelmente também seu sacerdócio foram considerados impuros e, em consequência, inaceitáveis.

O "Apocalipse das Semanas" é evidência de que a tradição enóquica não apenas se alimentava de textos antigos, mas os expunha à luz de preocupações correntes. Nesse ponto, o texto aramaico se diferencia do etíope. A versão mais antiga nos mostra que as "semanas" foram uma sequência de dez, e não uma sequência interrompida, como no etíope. Mais significativo é o modo como uma frase-chave (1 Enoque 91,11) foi expandida à maneira de um Targum, como comentário, a fim de enfatizar o que se entendia por "as raízes da violência" e "as estruturas da falsidade". Temos aqui um texto mais antigo que foi tornado relevante na crise dos Macabeus.

Tudo isso é especulação, e permanecerá assim. O que estou sugerindo levanta muitos problemas. Implica que o judaísmo do período do Segundo Templo era mais complexo e variado do que até então imaginávamos. Havia outros herdeiros do Antigo Israel em seu arcabouço religioso, além dos judeus e samaritanos. Nem todos tinham a mesma tradição e os mesmos livros. Ouvimos, por exemplo, muito pouco a respeito dos livros santos dos samaritanos, alguns dos quais eram distintos dos do Antigo Testamento, pois concentramo-nos, quase exclusivamente, nos textos judaicos que passaram a integrar o Antigo Testamento. O fato de nada sabermos sobre a história dos escritos enóquicos nos revela quão pouco realmente sabemos, e não que esses escritos não tenham história. Uma vez que principiemos esse tipo de especulação, muitas outras possibilidades começam a emergir. Caso as ideias em *1 Enoque* realmente sejam muito antigas, isso nos explicaria por que tanto de seu conteúdo difere do do Antigo Testamento. As partes que se assemelham ao Antigo Testamento ("Similitudes", p. ex., são bem semelhantes a partes de Isaías 24-27) não necessariamente são derivadas do Antigo Testamento. Podem ser, igualmente, relatos antigos provenientes de um mesmo conjunto matricial de ideias. Tem sido em geral aceito que, pelo fato de *1 Enoque* "ter usado" partes do Antigo Testamento, ele deve ter sido um texto posterior e, portanto, inferior, "adicionando" elementos à tradição, a qual foi preservada em sua forma pura apenas nos textos canônicos. Todavia, agora nos vemos obrigados a considerar, e com muito cuidado, uma posição exatamente contrária, qual seja, a de que *1 Enoque* preserva ideias bem antigas, as quais foram retiradas do Antigo Testamento.

Tivesse *1 Enoque* sido escrito durante as tribulações do século II a.C., seria interessante, mas realmente não muito importante, descobrir que os primeiros cristãos usavam-no. Mas se, como parece hoje provável, tratou-se de um texto antigo que preservava as memórias do culto do Primeiro Templo e o papel dos reis ungidos, os Messias, então se torna deveras significativo que esse livro e seu simbolismo tenham sido usados pelos primeiros cristãos. Significaria, por exemplo, que a divisão implicada em *1 Enoque* entre aqueles que se mantiveram nos antigos modos e os que retornaram de Babilônia com Esdras, a fim de restabelecer Jerusalém, foi causa central da separação que encontramos no Novo Testamento. Esdras estava associado à Lei; o grupo enóquico, por outro lado, manteve-se fiel ao antigo ideal messiânico, em que não havia lugar para Moisés.

Devemos então perguntar quem ou o que Jesus pensava ser. Se ele e seus seguidores vivessem no mundo posto em *1 Enoque*, isso explicaria muitos dos desenvolvimentos da cristologia primitiva, crenças a respeito da natureza do Messias. Também colocaria em questão muitas das tendências do academicismo do Novo Testamento, as quais atribuem toda "mitologia" do cristianismo a adições posteriores, negando que Jesus se visse daquele modo. Comparemos então esses dois excertos. O primeiro é de alguém que levanta a ideia de que a maior parte da teologia cristã desenvolveu-se como acréscimo de ideias que vieram do próprio Jesus:

> A "apoteose" do Jesus crucificado já deve ter ocorrido lá pelos anos 40, e alguém pode sentir-se tentado a dizer que aconteceram mais coisas nesse período de menos de duas décadas que nos sete séculos seguintes, até o momento em que a doutrina da Igreja primitiva foi completada. Com efeito, alguém pode mesmo perguntar se a formação da doutrina na Igreja primitiva foi algo essencialmente maior que um desenvolvimento consistente e uma finalização daquilo que fora desdobrado nos

> eventos primários das duas primeiras décadas, mas então colocados na linguagem e nas formas de expressão e pensamento gregos, seu contexto necessário. (M. Hengel, *The Son of God*, Londres, SCM Press, 1976, p. 2.)

O segundo excerto é de alguém que enfatiza a normalidade de Jesus como base de uma nova compreensão entre judeus e cristãos.

> Qualquer um que inicie com o ser humano histórico, Jesus de Nazaré e busque compreendê-lo com base no meio judaico de sua época, reconhecerá os desenvolvimentos cristológicos posteriores como mitológicos. Esses mitos podem conter profundos *insights* acerca do significado e da significância de Jesus, mas, tomados literalmente, tornam Jesus objeto de adoração, em vez do Pai. (M. Braybrooke, "When Jesus was a Jew", *The Guardian*, 23 de novembro de 1987.)

Ambos os excertos não podem estar certos ao mesmo tempo. Não há dúvida de que o cristianismo se desenvolveu e criou acréscimos, uma vez transplantado para o contexto grego, mas em que extensão isso se deu? O *insight* essencial foi alterado, ou somente o modo como era expresso?

Está se tornando progressivamente mais difícil falar com confiança a respeito do cenário religioso à época de Jesus. Muitas tentativas foram realizadas no intuito de reconstruí-lo. De início, isso era feito sem nenhum uso real do material judaico da época, e o quadro resultante ficava necessariamente distorcido. O próximo estágio foi usar materiais "judaicos", mas parte expressiva destes vinha, de fato, de outra época: dois ou três séculos após a vida de Jesus. A evidência escrita desse período posterior era então projetada na época do Novo Testamento, o que também nos deu algo muito distante de um cenário acurado. Costumávamos falar de um judaísmo ortodoxo numa época em que tal coisa inexistia. A grande catástrofe do ano 70 A.D., quando os romanos destruíram Jerusalém, levou a uma reestruturação profunda do judaísmo, realizada para que este pudesse sobreviver frente a novas e difíceis circunstâncias. Aquilo que ocorre depois do ano 70 A.D. não pode ser usado como pano de fundo para situar a vida de Jesus. Temos aí uma argumentação circular. Posteriormente, materiais "judaicos" foram usados a fim de reconstruir como deveria ter sido Jesus; é pouco surpreendente a descoberta de que ele teria sido um judeu comum de sua época. Os aspectos mais vibrantes da teologia do Novo Testamento foram então confirmados como adições posteriores, possivelmente advindas de pagãos convertidos bem-intencionados, os quais teriam enxertado seu paganismo na nova fé. Essa contribuição de *scholars* judeus é bem-vinda, mas não podemos esperar que tenham tido uma abordagem completamente imparcial.

Os textos encontrados em Qumran estão nos auxiliando a ver que o cenário religioso palestino era, à época, bem mais complexo e variado que qualquer coisa que pudesse ser reconstruída com base em materiais judaicos posteriores. Estamos descobrindo evidências de crenças e modos de interpretar a Escritura que nos dão um quadro bem mais completo do que acontecia. Mas ainda sabemos muito pouco para termos certeza. O que devemos fazer é reconhecer que nossas antigas certezas eram mal fundamentadas, preparando-nos para o projeto desafiador de nos lançarmos na direção de uma nova compreensão de Jesus e dos primeiros autores cristãos. Essa nova compreensão não precisa ser destrutiva, caso seja amplamente fundamentada. Não devemos substituir uma distorção por outra. Caso tomemos uma base ampla para a nossa reconstrução, incluindo os escritos enóquicos, alcançaremos uma conclusão bem distinta tanto sobre a natureza de Jesus quanto sobre o período em que a teologia cristã foi desenvolvida. *1 Enoque* foi abandonado pela tradição judaica logo no início, sobrevivendo somente como um "livro cristão", mesmo que seu conteúdo fosse pré-cristão. Nos primeiros séculos do cristianismo, os judeus enxergavam com desgosto a figura de Enoque. Os retratos de Jesus baseados somente em material "judaico" concluem que todas as ideias "sobrenaturais" da cristologia posterior foram adicionadas por seguidores, mas isso se deve ao fato de essas reconstruções "judaicas" não usarem o material enóquico que sabemos que era uma parte do universo dos primeiros cristãos. Assim, tornam-se capazes de fechar suas conclusões acerca de Jesus, tendo-o como um autêntico judeu de sua época, mas que teria sido transformado em outra coisa por seus seguidores.

O que pensaria de Jesus alguém cujo quadro interno de referências incluísse *1 Enoque*? Com efeito, o que Jesus pensava sobre si mesmo? Uma das chaves para isso, conforme dito no capítulo 7, é a designação "filho do homem". Caso Jesus a tenha usado para si mesmo, empregando-a no sentido enóquico, então restará muito pouco de desenvolvimento "mitológico" do cristianismo que não tenha sua origem no próprio Jesus. Suas referências ao grande julgamento, os milagres de cura e os exorcismos apontam todos para isso. O que adoraríamos saber é um pouco mais sobre a lucidez própria de Jesus, os predicados de sua vida interior. O que foram exatamente esses encontros com Satanás, conforme descritos em Mateus 4 e Lucas 4? Uma experiência visionária de todos os reinos da terra realizada num momento específico certamente não era algo descabido no mundo de Enoque. (Este tivera uma experiência semelhante, (*1 Enoque* 87,3). De um lugar alto, ele viu a história desdobrar-se diante dele.) Tampouco são descabidos os demônios expulsos e a visão de Satanás caindo do céu (Lucas 10,18).

O que ocorre à imagem que temos de Jesus, e à imagem que fazemos do cristianismo, se recuperarmos os *insights* e ideias de *1 Enoque*? Ou, poderíamos ainda dizer, quão diferente teria sido o cristianismo caso *1 Enoque* tivesse sido favorecido como livro inspirado, e não condenado e descartado pelas igrejas ocidentais? Teríamos uma figura messiânica, um filho do homem, um intermediário entre o céu e a terra, uma figura que funcionaria em ambos os mundos. Ele era um sacerdote que intercedia no templo celeste. Na terra, era o mensageiro que viera anunciar o grande julgamento. Ele era o centro da grande aliança cósmica, a qual mantinha a criação em seu ordenamento designado. Era o bastião contra as forças do mal, as quais ameaçavam o povo de Deus e a ordem da criação. Era o nome capaz de atar as forças desgovernadas do mal, expulsando os demônios que infestavam a terra. Era fonte de retidão, por meio da qual queria se dizer totalidade, cura e restauração às vítimas do mal. O reino desse filho do homem constituía um tempo em que a natureza era restaurada na fertilidade; a humanidade, na paz.

Muito disso já integra a concepção tradicional de Jesus, sendo justamente a parte em geral associada a desenvolvimentos pagãos posteriores. As partes que são novas (p. ex., a aliança cósmica) são aquelas não mencionadas especificamente no Novo Testamento, mas apenas implicadas em passagens tais como Romanos 8. Algumas partes do quadro enóquico se tornam muito visíveis no Novo Testamento, embora recebam pouca ênfase. Isso inclui a crença sobre a origem do mal. O Novo Testamento fornece ampla evidência para se crer nas forças externas do mal, as quais corrompem e destroem tanto a criação quanto vidas humanas, mas isso tem sido ofuscado por uma ênfase esmagadora no pecado individual e no fardo da culpa. Feridas foram infligidas quando a intenção original era a de curar e restaurar uma criação já aflitiva. A história de Adão e Eva, e o pecado desta, não têm parte nesse esquema.

A característica mais importante da teologia enóquica é sua ênfase na natureza e no papel do conhecimento. Todo conhecimento da criação vem de Deus; mas, quando usado à revelia de Deus, destrói tudo. Os mitos em Enoque descrevem de modo vívido aquilo que chamaríamos de tecnologia: produção de armamentos, comunicação, a formação de expectativas e de opiniões coletivas, medicina, política e mesmo o mundo da moda (braceletes, ornamentos, o uso do antimônio e maquiagem – *1 Enoque* 8,1), e o que ocorre quando essas coisas são usadas em rebelião contra Deus. A aquisição desse conhecimento ou dessa sabedoria transforma eventualmente um ser humano num filho de Deus; mas os filhos de Deus eram aqueles que caíram e pensaram que estavam autorizados a governar, para si mesmos, o mundo. Muitas dessas ideias acerca do papel do conhecimento assemelham-se às dos gnósticos, os quais surgiriam mais tarde e teriam seu pensamento condenado pela Igreja, que o considerou herético. Guardamos a crença de que somos filhos de Deus como resultado do batismo; contudo, raramente enfatizamos o que isso de fato significa.

A implicação mais importante da teologia enóquica diz respeito à natureza da religião israelita antes do exílio. As crenças complexas sobre seres divinos e o papel do rei como um desses seres, ao mesmo tempo mortal e membro da corte celeste, é relevante para nossa compreensão da natureza divina de Jesus. A religião israelita anterior ao exílio não era monoteísta. Havia diversos seres divinos hierarquicamente distribuídos, e o rei era tido como um deles, o representante visível e a representação de Deus na terra, seu filho. Encontramos pistas dessa compreensão em diversos trechos do Antigo Testamento (p. ex., 1 Crônicas 29,23; Salmos 2; Salmos 110,3 – em grego, no qual se lê: "te gerei", e não "tua juventude"). Se pudéssemos penetrar de forma mais profunda nesse mundo perdido, vividamente vislumbrado em *1 Enoque*, tornar-nos-íamos capazes de entender o que realmente os primeiros cristãos queriam dizer quando chamavam Jesus de "Filho de Deus" e "Filho do Homem".

1 Enoque representa o depósito escrito dessas ideias; muitas delas e mesmo, talvez, a maior parte transmitidas de forma mais difusa: os modos antigos eram inspirados com o ar. Provavelmente, não havia transmissão consciente de muitas dessas crenças a respeito dos anjos e de suas funções. As crenças estavam apenas lá. Penetravam cada aspecto da vida. Eram usadas para explicar o cenário incomum do vale do Mar Morto, os problemas com o calendário, as políticas lunáticas de Antíoco Epifânio, doenças, e assim por diante. Era porque essas coisas estavam lá, integrando parte da visão de mundo da época, que essas crenças não são tratadas como um assunto particular no Novo Testamento, isto é, tratadas em separado. Muitas das passagens deste ganham um sentido bem mais claro se lidas à luz dessas crenças; mas não há como esperar que os textos do Novo Testamento nos deem exata autenticação de cada aspecto dessa visão de mundo. É uma incerteza inquietante, uma vez que novas luzes são recebidas de modo muito dramático em algumas áreas, mostrando-nos quanto perdemos de conhecimento. Caso não o usemos, podemos deixar passar uma oportunidade simplesmente única de aumentar nosso conhecimento sobre os princípios do cristianismo.

ÍNDICE

Da mesma autora, leia também:

A Teologia do Templo desenvolvida por Margaret Barker tem sido reconhecida como um marco nos estudos teológicos contemporâneos. Este livro apresenta de forma clara e organizada a hipótese que serve de base à sua teoria: o misticismo do templo, uma tradição hebraica à luz da qual seria possível reinterpretar a espiritualidade judaica e o modo como Jesus foi compreendido por si mesmo e pelos primeiros cristãos. Trata-se de uma pesquisa profundamente documentada e que impressiona por seu enorme poder explicativo.